LE POUVOIR DE LA PRIÈRE

Philippe Olivier

LE POUVOIR DE LA PRIÈRE

ÉDITIONS DE VECCHI S.A.
52, rue Montmartre
75002 PARIS

Malgré l'attention portée à la rédaction de cet ouvrage, l'auteur ou son éditeur ne peuvent assumer une quelconque responsabilité du fait des informations proposées (formules, recettes, techniques, etc.) dans le texte.
Il est conseillé, selon les problèmes spécifiques – et souvent uniques – de chaque lecteur, de prendre l'avis de personnes qualifiées pour obtenir les renseignements les plus complets, les plus précis et les plus actuels possible.

L'auteur tient à remercier toutes celles et tous ceux qui ont spontanément prêté leur concours à l'élaboration de cet ouvrage par leurs réflexions et leurs témoignages : V. Allard, le père C., Thierry M. Carabin, Laurence Cochet, Bénédicte D., Jean-Paul Frank, André-Georges G., Claude Maidenberg, Roger-Luc Mary, Jean-Paul N., le docteur Hocine Rais, le pasteur Pierre-Jean Ruff et Myra Frapier Saab.

En couverture : à gauche © Alpha Oméga ; à droite, sainte Marie-Madeleine (musée des Beaux-Arts, Budapest, Hongrie) © John Pole/Alpha Oméga

Imprimé en Italie

(...) La prière est la reine du monde. Couverte d'humbles habits, le front baissé, la main tendue, elle protège l'univers de sa majesté suppliante ; elle va sans cesse du cœur du faible au cœur du fort, et plus sa plainte s'élève du bas, plus le trône où elle arrive est grand, plus son empire est assuré. [...] Et comme rien n'est plus haut que Dieu, nulle prière n'est plus victorieuse que celle qui monte vers Lui.

R. P. LACORDAIRE

La prière est la sœur tremblante de l'amour.

VICTOR HUGO

La meilleure prière est la plus clandestine.

EDMOND ROSTAND

Avertissement

Essentiellement axé sur les trois grandes religions monothéistes que sont le christianisme, l'islam et le judaïsme, ce livre a pour simple ambition de s'interroger sur la prière, acte-clé de la pratique religieuse en général et de la vie spirituelle en particulier, et de confronter le plus largement possible textes et témoignages pour permettre à chacun de saisir l'importance de cette prise de parole tout entière vouée à Dieu.

Différente de toute autre forme de dialogue – puisqu'elle n'existe que par et pour la divinité – la prière s'impose tout à la fois comme expression et appel de la transcendance. Impliqué, porté et entraîné par le propre mouvement qui l'inspire, l'homme se trouve ainsi propulsé dans un champ d'existence nouveau. C'est en ce sens qu'il faut d'ailleurs comprendre le titre de cet ouvrage, le pouvoir dont il est question ne faisant nullement référence à une quelconque « magie », mais bien plutôt à ce dépassement spirituel qui transporte le priant bien au-delà de ses limites pour une rencontre enfin possible avec son Dieu.

Ce même élan d'aspiration se retrouve d'ailleurs à des degrés divers – et indépendamment des formules et rituels pratiqués – dans les trois religions susnommées qui prennent, il est vrai, racine dans le même terreau d'origine.

Loin de nous cependant l'idée de succomber à la tentation d'un « œcuménisme » idéal ou naïf. Tel n'est pas notre but, tel n'est pas notre rôle : laissons aux théologiens les questions dogmatiques. Car l'important nous semble moins d'exposer des doctrines que de souligner les visées communes de croyants pleinement engagés dans leur foi ou, à tout le moins, dans leur quête. Avec, comme but ultime, l'espoir de redonner à l'homme la place et l'avenir qui lui reviennent dans un « monde » où l'Amour de Dieu[1] aura fait son œuvre.

[1] Dans les deux sens des termes : amour de Dieu pour l'homme, amour de Dieu par l'homme.

PREMIÈRE PARTIE

LE POUVOIR SPIRITUEL DE LA PRIÈRE

Dans un monde doublement marqué par la montée en flèche de l'individualisme et la désaffection conjointe des pratiques religieuses, quelle place pour la foi et quelle place pour la prière ? Telles sont les deux questions spirituelles essentielles que pose notre millénaire finissant, dans lequel la quête de Dieu n'a pourtant rien perdu de son acuité. A cela, mille preuves : radicalisation des dogmes et des pratiques intégristes dans la plupart des religions, comme si l'essoufflement des croyances supposait la crainte de leur abandon et de leur perte ; multiplication et réactualisation des manifestations communautaires, tels le rassemblement international des jeunes chrétiens à Taizé ou la remise au goût du jour des pèlerinages ; fréquentation sans cesse grandissante des monastères par des laïcs en mal de valeurs ; prolifération des groupements d'inspiration *a priori* spirituelle, etc.

Autant de démarches qui constituent des ébauches de réponse immédiate à un questionnement intime sur la situation et le devenir de l'homme avec, en ligne de mire, l'éternelle problématique relative à l'existence de Dieu.

C'est dire que l'interrogation ancestrale : « D'où venons-nous ? Où allons-nous ? » est plus que jamais d'actualité, d'autant que les réponses apportées par la philosophie et par la science n'ont cessé d'éroder les croyances sans pour autant y substituer de réelles certitudes.

L'appétit de foi constitue donc l'un des points forts de nos sociétés contemporaines, le repliement sur soi révélant plus que gommant un réel élan vers la transcendance, tout comme un négatif photographique n'existe qu'en vertu de l'image positive qu'il porte et qui le légitime.

Rien d'étonnant, donc, à ce que cette recherche intime ou collective implique le plus grand nombre, et que la prière – vecteur privilégié du dialogue entre l'homme et Dieu – soit finalement si présente dans un monde que l'on pourrait croire, à tort, agnostique, voire athée. Car des athées, justement, il y en a moins[2], certains d'entre eux élaborant même une parole s'apparentant, de près ou de loin, à une véritable prière.

Ce support de la parole active, expression d'une démarche concrète vers un au-delà de soi, constitue, en effet, l'outil privilégié pour atteindre la divinité. Sans parole, pas de religion possible. De fait, toutes les religions monothéistes sont initialement fondées sur la tradition orale ou écrite, les prophètes tenant un rôle prépondérant dans la transmission de la révélation. Et les choses sont encore plus claires dans la religion judéo-chrétienne, puisque les premières lignes de la Bible affirment sans ambiguïté : « Au commencement était le Verbe ».

Parole d'homme faisant écho à la parole de Dieu, la prière s'impose donc tout à la fois comme une reconnaissance, une adhésion et un témoignage ; en d'autres termes, il s'agit d'un acte de foi. Et peu importent les moments de doute, dès lors qu'on se souvient des paroles christiques : « Si tu me cherches, c'est que tu m'as déjà trouvé ».

Elan impliquant la totalité de la personne, la prière n'est pas une mais multiple, relevant de différentes formes et étant chargée de différentes intentions.

Pour qui prie-t-on, pourquoi, comment et dans quelles circonstances ? Autant de questions auxquelles cet ouvrage tentera d'apporter quelques réponses.

[2] Comme le signalait Bernard Lecomte, journaliste à *l'Express*, dans un dossier intitulé *Le Besoin de Dieu* paru en décembre 1994. Constatation qui attirait le commentaire suivant : « Quand on ne sait plus très bien qui est Dieu, on est moins porté à le combattre. »

Qu'est-ce que la prière

Qu'elle fasse l'objet d'une pratique solitaire ou collective, la prière s'impose comme une démarche des plus intimes qu'il est, *a priori*, difficile de cerner. Et ce d'autant que les motivations personnelles qui l'inspirent sont aussi variées que les formes à travers lesquelles elle peut s'exprimer. D'où la difficulté d'en donner une définition globale, ni trop générale ni trop restrictive pour être satisfaisante... sauf à considérer que l'universalité n'est jamais mieux représentée que par une somme de singularités.

A y regarder de près, le paradoxe n'est pas dénué de vérité, puisque l'élan implicite qui sous-tend toutes les prières constitue une donnée commune à chacune d'entre elles, indépendamment des formes et des rites auxquels elles donnent lieu.

Or, qui dit élan, dit acte.

Voilà un autre paradoxe que ceux qui n'ont jamais fait l'expérience de la prière auront bien du mal à comprendre et à dépasser. Rien d'étonnant à cela dans un contexte culturel qui ampute bien souvent le mot acte d'une partie de sa signification, en le limitant à une production – effective – générée par une intention – subjective. En d'autres termes, la notion d'acte est habituellement perçue comme la réalisation concrète d'une volonté qui, sans cela, serait demeurée à l'état de désir ou de projet.

Cette conception étroite ne coïncide nullement avec la définition donnée par le *Dictionnaire des religions* de M. Poupard : « Acte : mouvement adapté à une certaine fin, chez l'être vivant. » Et, plus loin : « [...] Désigne particulièrement le fait accompli sous l'action ou sous l'apparence de la volonté. Il s'oppose, en ce sens, à intention et à parole. »

D'où il ressort que la prière est effectivement un acte en soi, si l'on veut bien considérer que le mouvement qui l'induit et la porte n'est pas seulement le fruit d'un vœu ou d'une intention, mais bien la manifestation d'une action véritable dont le champ est par essence intérieur.

Ceci étant posé, on comprend mieux que, pour un croyant, la prière soit plus qu'une simple prise de parole : une manière concrète de se tourner vers Dieu, de s'ouvrir à Lui en allant à sa rencontre dans une démarche active qui mobilise – au sens fort du terme – la dimension pleine et entière de son être dans sa triple composante physique, psychique et spirituelle.

Vue sous cet angle, la prière apparaît donc bien comme un acte à part entière, qui implique la totalité de la personne humaine dans un mouvement qu'elle génère et qui l'entraîne. Et ce, quelle que soit la forme dans laquelle elle prend corps et la manière dont elle s'exprime. C'est pourquoi on ne saurait légitimement établir une échelle de valeurs entre les différents styles de prière, et encore moins les opposer entre eux : la méditation intérieure du moine est ainsi tout à fait comparable à l'engagement concret du missionnaire puisqu'il s'agit, dans l'un et l'autre cas, d'un témoignage de foi dont le mode d'expression seul diffère.

Cette manière de mettre sur le même plan des démarches apparemment si différentes risque d'être perçue par certains comme un nouveau paradoxe, voire une pure audace de l'esprit que rien ne justifierait. C'est pourtant chose très compréhensible, dès lors qu'on arrache la prière à la dialectique de l'actif-passif dans laquelle on l'enferme parfois. Répétons-le : pour le croyant, il n'existe qu'une seule et même prière, quel que soit son mode d'expression. Ce que traduit parfaitement une anecdote de l'Evangile dans laquelle on voit les apôtres s'insurger contre Marie Madeleine qui n'hésite pas à répandre un parfum de grand prix sur les pieds de Jésus-Christ. Et tous de dire haut et fort qu'il eût sans doute été préférable de négocier ce parfum au meilleur prix de façon à pouvoir aider les plus pauvres avec le bénéfice de la vente. Sur quoi, Jésus souligne que le geste de Marie Madeleine n'est nullement critiquable ; bien au contraire, même, puisque cet acte d'amour et de dévotion vis-à-vis de Dieu est aussi important qu'un geste d'assistance à l'égard du prochain. Et l'on est tenté d'ajouter que ce don fait au Christ s'assimile, en tout point, à une prière.

Mythologies et religions

S'interroger sur la nature, le sens et la finalité de la prière implique obligatoirement de réfléchir sur les différentes mythologies qui ont précédé l'éclosion de la spiritualité moderne en général, et des religions monothéistes en particulier. Sans nous étendre outre mesure sur cette question, qui s'écarte quelque peu du sujet de cet ouvrage, remarquons néanmoins que l'histoire religieuse est principalement marquée par une évolution spécifique vers un seul Dieu, détenteur de toute la puissance et de tous les pouvoirs créateurs : soit que l'on considère que la multiplicité des dieux ressortant des différentes mythologies n'était finalement que l'expression plurielle d'une divinité unique, implicitement ou explicitement nommée, qui les contenait tous ; soit qu'au contraire l'on estime que le glissement progressif vers un seul Dieu fut la conséquence non pas d'un resserrement de la visée spirituelle, si l'on ose dire, mais bien plutôt d'une ouverture – consécutive à la prise de conscience de la plénipotentialité divine – à l'essence de Dieu même. Un Dieu dont les différentes facettes renvoient systématiquement à un seul centre, à une seule « personne », à un seul Etre.

Que l'on opte pour l'une ou l'autre hypothèse, force est de constater que l'on aboutit au même résultat... comme si l'unicité de Dieu était la conséquence obligée de toute approche spirituelle. En d'autres termes, il semble que le lent processus d'évolution ayant abouti à l'éclosion des religions monothéistes ressort d'une personnalisation sans cesse plus aboutie des grands mythes fondateurs de l'humanité, desquels le concept de Dieu s'est progressivement dégagé. Aux représentations divines anciennes s'est donc substituée l'« image » d'un Dieu unique, dont la caractéristique première est d'être paradoxalement sans image. Un Dieu radicalement nouveau, aussi, puisque à mille lieues de toutes projections humaines. En ce sens, on peut dire qu'il s'agit là d'un renversement radical de tendance au terme duquel l'homme a cessé de créer un Dieu qui lui ressemble pour accueillir un Dieu créateur dont l'essence propre est définitivement originale.

La prière a donc logiquement suivi la même évolution, passant d'une expression de soumission purement magique et rituelle à une véritable prise de parole, apparaissant ainsi comme le vecteur privilégié du dialogue entre l'homme et son Dieu. Parole dynamique, au demeurant, puisqu'elle crée les conditions de la transcendance dès lors que Dieu l'inspire et la justifie.

Ce passage d'une dialectique purement formelle entre supérieur (Dieu) et inférieur (homme) à un véritable dialogue entre le Créateur et ses créatures constitue donc l'événement fondateur du monothéisme, notamment dans la religion judéo-chrétienne qui traduit peut-être cette évolution de la façon la plus éloquente et la plus sensible.

Prière et Loi

Qui dit dialogue, dit existence obligée de deux interlocuteurs distincts liés entre eux par un rapport contractuel. Or, dans toutes les religions monothéistes, le rapport homme-Dieu se concrétise par une Loi à partir de laquelle chacun peut se déterminer en toute liberté. Pour le croyant, les choses sont évidemment plus simples, d'une certaine manière, puisque l'adhésion à la Loi constitue l'expression concrète de son engagement et de sa foi.

Mais adhérer ne signifie pas pour autant suivre pleinement la totalité des préceptes induits par les différents articles de ladite Loi, tant il est vrai que leurs principes – du fait même qu'ils émanent de Dieu – supposent un état de perfection idéale pour être vécus en tant que tels. Le travail d'assimilation et du respect de la Loi constitue donc la démarche fondamentale de tout croyant, qui ne doit toutefois pas se contenter d'une attitude passive en la matière. Accepter la Loi est une chose, la mettre en pratique avec une exigence sans limite en est une autre. D'où l'importance de la prière pour parvenir à dépasser ses propres limites, afin d'adhérer sans cesse plus activement et plus profondément au projet de Dieu. Prier, c'est donc revendiquer l'aspect du rapport contractuel homme-Dieu concrétisé par la Loi ; une Loi qui n'est pas contrainte, mais expression basique du rapport homme-Dieu et tremplin de cette relation. D'où il s'ensuit que prier, c'est contresigner le contrat homme-Dieu dans le but de le rendre encore plus fort, plus étroit, plus opérationnel pour en assimiler toujours plus étroitement les termes « légaux » – comme on dit « obligations légales », qui donnent son statut et sa liberté au citoyen – et, enfin, de le proroger à l'infini de la manière la plus vivante qui soit. Ce qui est radicalement différent des prières « fonctionnelles » et/ou « individualistes » dont la finalité est d'obtenir quelque chose et non d'exprimer – et encore moins d'approfondir – toute la richesse du rapport privilégié que Dieu entretient avec l'homme et réciproquement. Dans ces prières « fonctionnelles » à visée plus étroite, le gain est en effet assujetti au respect de la Loi dans une optique d'échange moins affectif qu'économique.

Ce qui nous amène tout naturellement à évoquer la question de la morale, notion ô combien galvaudée en matière de religion. Tout le monde a, notamment, entendu parler de morale chrétienne par exemple, idée qui laisserait supposer que le respect scrupuleux de la Loi suffirait à garantir l'obtention de bienfaits de toute nature. Cette vision des choses, outre le fait qu'elle procède d'une réduction manifeste du rapport homme-Dieu et de la prière, semble tout à fait contraire, sinon contradictoire, avec les principes mêmes de tout engagement spirituel.

Pourquoi ?

Parce que le problème est, dans ce cas, pris totalement à l'envers. En effet, c'est bien le choix de l'Amour qui sous-tend chaque article de la Loi, qui importe, et non l'adhésion elle-même. On peut suivre aveuglément les préceptes de la Loi sans pour autant se faire le témoin de l'Amour. C'est d'ailleurs ainsi que l'on en vient à substituer une attitude morale à un engagement spirituel qui, dès lors, se trouve éludé. Bien se conduire n'est pas synonyme d'œuvrer en faveur du Bien ; c'est seulement se satisfaire du minimum. En d'autres termes, on peut donc dire que la pratique morale, si elle est nécessaire, n'est pas suffisante en soi, sauf à être inspirée par la Foi et l'Amour. Le mouvement inverse n'est pas vrai : le rapport homme-Dieu, tel qu'il est reconnu et vécu par le croyant, engendre seul le fait moral qui prend alors toute sa dimension. La morale n'est pas l'essence de la religion mais sa conséquence : l'une des formes concrètes du témoignage.

Pour le croyant, une éthique non inspirée par le choix de Dieu se limite donc à une somme de règles dont la justification, aussi noble soit-elle, n'en demeure pas moins orpheline de ses vraies racines.

Ce qui n'empêche pas de penser que l'on puisse effectivement s'ouvrir à Dieu par le biais d'une pratique morale, dès lors que l'on est à même d'accepter que les principes qui la régissent sont directement inspirés de Dieu même. Dans cette optique, la méconnaissance la plus sincère des origines de l'acte moral de la part de son artisan ne remet pas en cause la dimension « extra-ordinaire » de sa pratique et de son engagement. Et, partant, elle renvoie à l'écho divin – fut-il perçu comme muet – qui l'inspire. Bien des athées et autres agnostiques sont d'ailleurs là pour le prouver, par une conduite et une attitude dont beaucoup de croyants pourraient légitimement s'inspirer. Sans vouloir donc récupérer à tout prix de telles démarches, qui n'ont d'ailleurs aucune raison de l'être (ne serait-ce qu'en vertu de la liberté de chacun de croire, vivre et œuvrer comme bon lui semble), on peut quand même avancer l'idée qu'une multitude de non-croyants font du Bien au sens spirituel du terme... comme Monsieur Jourdain faisait de la prose sans le savoir.

Prière et foi

Témoignage du rapport privilégié que l'homme entretient avec Dieu, la prière s'impose donc d'abord et avant tout comme un acte de foi. Même si le doute vient parfois infiltrer la conviction du croyant. Car la foi n'est pas un bloc de certitude monolithique donné *ad vitam eternam*, mais une adhésion sans cesse réinvestie dans son « objet » et, partant, soumise à fluctuations. C'est en ce sens que l'on parle justement de foi vivante, avec tout ce que cela suppose de remise en question permanente. Croire résulte, en effet, d'une démarche vivante, et ne constitue en rien un acquis définitif, figé par essence. Loin de toute inertie, le croyant remet donc sans cesse sa foi en question dans un acte de perpétuelle reconnaissance du Dieu qui la légitime, la nourrit et lui donne, instant après instant, une plus vaste assise. C'est sans doute le sens profond qu'il faut donner à l'affirmation déjà citée : « Si tu me cherches, c'est que tu m'as déjà trouvé » du Christ, parole qui induit que tout questionnement spirituel porte en lui sa réponse ; une réponse dont la force de conviction est directement proportionnelle à l'intensité du désir qui a initialement généré la quête. Dans cette optique, éloignement n'est pas absence ; bien au contraire, même, puisque ce creux habité par la présence possible du Dieu désiré génère l'élan qui conduit à Lui.

Dès lors, on comprend mieux que le doute, pour insupportable qu'il soit à celui ou à celle qui en fait l'expérience, ne puisse être considéré d'un seul point de vue négatif. Véritable catalyseur de toute démarche spirituelle, il est la limite qui induit l'au-delà de la limite en même temps qu'il s'impose comme prière à l'égard de Dieu, afin qu'Il comble le vide en faisant, lui aussi, une partie du chemin qui le sépare de l'homme. L'enfant perdu dans la foule fait la même expérience et n'agit pas autrement, son sentiment de solitude extrême et d'extrême abandon renvoyant non pas à un orphelinat irrémédiable, mais à la certitude aiguë de l'existence du parent aimé. Le Christ lui-même témoigne de cette sombre facette de l'angoisse humaine à travers les récits évangéliques qui, tous, rapportent son cri poignant peu avant de périr : « Père, Père, pourquoi m'as-tu abandonné ? » Dépossession totale de toutes certitudes et confrontation au rien insupportable qui n'empêchent toutefois pas le supplicié d'ajouter, peu après : « Père, je remets mon âme entre tes mains ». Ce don total de soi au Créateur qui semble faire défaut constitue à l'évidence l'acte de foi le plus parfait qui se puisse concevoir.

LA THÉODICITÉ

C'est une voie de communication fondée sur une interrogation sur Dieu. C'est le doute que l'on ressent face à une situation d'injustice : « Pourquoi Dieu laisse faire de telles horreurs ? ». Le sentiment est celui de l'insatisfaction et renvoie à la fin du Livre de Job. La prière individuelle d'une personne croyante, mais pratiquant avec relativité, est souvent marquée par un tel questionnement.

Pourquoi mon Dieu m'abandonnes-tu dans
le malheur ?
Pourquoi laisses-tu mes frères dans la haine
et ton peuple se déchirer ?
N'oublie pas notre amour et, malgré nos fautes,
crois en notre volonté de bonté !

BÉNÉDICTE D., ÉCRIVAIN CATHOLIQUE

Intelligence et foi

Ces différentes réflexions nous amènent tout naturellement à nous interroger sur la complémentarité du rationnel et de l'affectif en matière de spiritualité. Sur ce point, le fameux pari pascalien – que l'on pourrait globalement résumer par la formule lapidaire : mieux vaut croire en Dieu que de ne pas y croire, car nous avons tout à gagner et rien à perdre dans cette démarche – constitue l'un des plus beaux exemples de construction rationnelle qui soit. Mais l'habileté du penseur n'est pas aussi gratifiante qu'on pourrait le croire. De fait, sa démonstration ne s'appuie que sur des arguments intellectuels qui éludent la réalité intrinsèque de Dieu qui, selon la Bible, est Amour avec un grand A. Or l'amour n'est abordé, ici, que sous l'angle du concept et non sous celui de l'expérience vivante. Encore faut-il nuancer ce propos en rappelant que l'engagement spirituel de Pascal existait avant l'élaboration de son argument le plus fort, lequel n'avait d'autre but que de convaincre les non-croyants de s'engager, comme lui, sur le chemin de la foi, ne serait-ce justement qu'en vertu de cette irréfutable réflexion d'ordre philosophique. Du coup, son argumentation logique prend une tout autre couleur, une tout autre signification : en ayant recours à la démonstration intellectuelle, Pascal propose d'ouvrir à Dieu l'esprit de celles et ceux dont le cœur serait resté sourd à la révélation.

Vu sous cet angle, le pari pascalien apparaît donc pour ce qu'il est : une main tendue vers l'autre, l'ami, le frère, à qui l'auteur offre de partager sa propre expérience de la foi. Et si l'argumentation qu'il développe possède autant de force, c'est qu'elle est sous-tendue par cette expérience même, sans laquelle elle se résumerait à un vulgaire sujet de dissertation.

L'intelligence ne constitue donc qu'une alternative transitoire à l'éclosion de la foi et ne vaut que si elle montre et ne démontre pas. Croire, en effet, est affaire de cœur et non pas d'intellect ; c'est adhérer comme l'anémone de mer adhère au rocher, sans avoir besoin de savoir – et encore moins de prouver – scientifiquement la réalité et la nécessité de cet ancrage pour vivre sa vie d'anémone de mer. En d'autres termes, croire, c'est vivre de cette vie par laquelle on a été touché (et que les chrétiens nomment la grâce) et la réfléchir comme le ferait un miroir... qui n'existe justement qu'en raison du rayon qui le frappe. Par la prière, le croyant se met, alors, en état de restituer la lumière issue de Dieu – dont, à l'encontre du miroir, il est devenu dépositaire – pour lui rendre un libre témoignage, vivant ainsi activement la réalité intime de sa foi dans ce double mouvement de connaissance et de reconnaissance.

Accueil et témoignage constituent donc les deux volets dynamiques de la foi qui s'exprime et se prolonge par les biais respectifs de la réflexion-méditation et de la réflexion-prière.

Comme on le voit, la raison raisonnante n'a décidément rien à faire dans le rapport homme-Dieu, si ce n'est en ce qu'elle peut servir à traduire une expérience personnelle dans une forme et un langage accessibles à autrui. De fait, pour être effectivement transmissible, tout témoignage se doit d'obéir à des règles de communication particulièrement strictes et très contraignantes, dont la moindre n'est pas la conceptualisation. Evoquer un sentiment, une émotion ou tout autre vécu d'ordre qualitatif intime et personnel, pour en faire partager l'essence à autrui, impose, en effet, d'en passer par des idées, des symboles et autres métaphores s'adressant paradoxalement à son intelligence. Grâce à quoi le « message » peut être effectivement et affectivement « compris », grâce à la faculté qu'a l'autre de traduire en sens inverse le discours. Il s'agit là d'un double phénomène de traduction conjointe que l'on pourrait assimiler au processus de la vision qui veut que l'œil reçoive l'image inversée de l'objet qu'il regarde, mais que le cerveau la perçoive à l'endroit, suite à une opération de rétablissement immédiate et tout à fait « instinctive ». C'est ainsi que l'intelligence de l'esprit croise celle du cœur – comme la sagesse populaire se plaît à nommer la communication affective – l'une se mettant au service de l'autre et réciproquement.

L'INCERTITUDE DE L'INTELLIGENCE

La prière est une réponse à l'incertitude de l'intelligence humaine ; elle est la marque d'une reconnaissance, celle du Divin et de notre méconnaissance de l'origine humaine. Par la prière, l'homme montre qu'à tout moment la curiosité reste en éveil, mais aussi l'esprit critique et le libre arbitre par rapport aux découvertes humaines.
Le Divin Créateur est présent dans toute réflexion et dans toute démarche. Le scientifique John Polkinghorne, physicien émérite, considère que « la foi chrétienne possède une cohérence et une profondeur de vue qui [l'] aident à comprendre quelque chose de la riche complexité de la rencontre entre l'homme et la réalité. » Pour lui, les raisons qui expliquent sa foi en tant que scientifique « incluent [son] expérience, ténue certes, mais indéniable de la présence du Christ dans la parole et dans le sacrement, et la part qu'[il] prend à la vie de prière et d'adoration de l'Eglise[3]. »

[3] John Polkinghorne, *Conception de la foi d'un physicien, le Savant et la Foi*, Présence/Flammarion, 1989.

Foi, savoir et connaissance

Dire que l'on ne prouve pas l'existence de Dieu, mais qu'on l'éprouve, comme nous l'avons vu plus haut, revient à dire que la foi est un acte duquel ressort un savoir-certitude et non pas un savoir scientifique. L'expérience spirituelle est donc le fruit d'une connaissance immédiate ou, si l'on préfère, d'une « co-naissance » – dans le sens le plus dynamique et le plus large du terme – avec la divinité qui nous est « accessible » de cette seule manière. Dans ce processus de révélation, qui se prolonge par une « re-connaissance » de tous les instants, on assiste bien, en effet, à l'émergence d'un nouveau statut d'être, tout entier marqué par la transcendance. Rien d'étonnant à cela, puisque l'« objet » de la révélation n'est autre que Dieu lui-même.

Et dans cet élan où ce que l'on vit se confond avec ce que l'on sait et réciproquement, la conscience est tout entière absorbée par le mouvement qui la porte et l'engendre. Tant et si bien que le « je crois » du croyant se singularise de toute autre affirmation par le fait qu'il est l'expression directe et simultanée de sa foi et du témoignage qu'il rend, sans qu'il soit jamais question d'une prise de distance. L'adhésion entre le fait (« je crois ») et l'acte (« j'affirme que je crois en m'impliquant dans cette croyance ») forme, en effet, un tout indissociable dans lequel la conviction sert de tremplin à l'approfondissement de la relation privilégiée homme-Dieu mise ainsi en évidence.

A ce propos, on remarquera que les verbes croire et croître se confondent lorsqu'on les conjugue à la première personne du présent de l'indicatif. Dire « je crois » peut ainsi être indifféremment traduit par « j'adhère à une croyance » ou « je grandis ». Le hasard de la langue fait donc bien les choses, qui concrétise de façon inattendue la bipolarité intrinsèque de la foi dans sa double composante active d'accueil et de témoignage.

Un même glissement de sens pourrait, d'ailleurs, être souligné à l'égard du mot reconnaissance, dont les deux définitions complémentaires – connaître une nouvelle fois et éprouver un sentiment de gratitude à l'égard de quelqu'un – renvoient aux deux facettes de la croyance.

De la foi à la prière

Cette longue introduction, dont on nous pardonnera le caractère un peu ardu, nous a paru toutefois nécessaire pour aborder plus clairement et plus profondément le thème spécifique de cet ouvrage. Impossible, en effet, de ne pas évoquer – même brièvement – les questions relatives à la foi dans son ensemble, et à la démarche des croyants en particulier, avant de nous pencher sur la prière (sens et pouvoir), acte essentiel de toute vie spirituelle ; et de ne pas souligner préalablement le caractère dynamique de tout engagement religieux qui dépasse, et de loin, la seule adhésion à une Histoire déjà écrite. De fait, foi et pratique religieuse apparaissent souvent comme les fruits d'une tradition plus ou moins pétrifiée par le temps. Il n'en est rien cependant, l'élan impulsé par toute croyance réelle et franche constituant le moteur d'une expérience immédiate et toujours très actuelle dont la vivacité fait tout le prix. Sans cela, l'implication spirituelle s'engluerait dans le confort inerte d'un acquis dont la validité serait, dès lors, sujette à caution.

Loin d'une telle caricature, l'acte de foi est au contraire bien plus vivant, en prise directe sur le présent dans lequel il s'éprouve et se construit de façon permanente, à travers un double mouvement d'adhésion et d'engagement. Grâce à quoi l'on peut dire que croire, c'est vivre et pratiquer jour après jour ; c'est réactualiser sans cesse et toujours le message des origines, qu'il émane de Dieu lui-même ou de ses prophètes ; et c'est dépasser la culture au bénéfice de la redécouverte permanente de la parole vivante.

Bref, le croyant a pour tâche d'écrire à son tour l'Histoire, moins en s'appliquant qu'en s'impliquant, par l'expression d'un témoignage actif de ses convictions et de ses croyances. Et de se faire le héraut d'une aventure extraordinaire dans laquelle Dieu et l'homme sont étroitement mêlés.

Des formes de prière

De la même manière que la notion de peuple renvoie à une multitude d'individus, le concept de prière recouvre un nombre infini d'élans singuliers se concrétisant par une prise de parole personnelle. En effet chacun aborde Dieu de la façon qui lui est propre, et s'adresse à Lui dans sa langue et son langage particuliers. Il n'existe donc pas une forme, mais des formes de prière qui se déclinent en autant de priants donnés. Mieux encore : cette diversité formelle se traduit aussi par une grande diversité d'intentions, puisque la visée de la prière varie également en fonction de la situation dans laquelle se trouve celui qui l'émet. On peut donc légitimement affirmer que la prière est à l'« image » de Celui auquel elle s'adresse, c'est-à-dire sans limites dans ses incarnations mêmes.

Mais une telle somme de singularités ne signifie pas pour autant qu'il soit impossible de dégager des lignes de force autour desquelles s'articulent les différentes prières. L'analyse fait ainsi apparaître trois grandes catégories d'approches spécifiques qui – pour reprendre la terminologie catholique romaine – ressortent de l'acte de foi, de l'acte d'espérance et de l'acte de charité.

La prière acte de foi. Qu'elle soit l'expression d'une quête spirituelle non encore aboutie, ou d'une foi solidement établie, la prière acte de foi s'impose simultanément comme reconnaissance et affirmation de l'existence de Dieu dans toute sa transcendance. Le sens premier de ce genre de prière est donc l'accueil et le témoignage conjoints, signes concrets de la rencontre entre l'homme et son Créateur par le biais de la parole qui, non contente de nommer, engendre et concrétise le dialogue. Par elle, en effet, l'homme trouve un statut d'interlocuteur grâce auquel il découvre l'étendue de sa liberté, puisqu'il lui est désormais possible d'affirmer ou non son adhésion à la divinité. Rien d'étonnant à cela, comme en témoignent la plupart des textes fondateurs des religions monothéistes ; la parole de Dieu y est, en effet, toujours présente, soit directement – comme c'est le cas dans la Bible, par exemple – soit indirectement (par l'entremise des prophètes). Remarque de haute importance que souligne notamment le cardinal Jean-Marie Lustiger dans la série d'entretiens qu'il accorda à Jean-Louis Missika et Dominique Wolton : « Dès l'Ancien Testament, Dieu parle. Cette parole se fait entendre, et dès le moment où elle se fait entendre et est reçue, elle devient parole humaine. Cette parole qui se donne à l'homme lui permet de connaître le Dieu invisible et de le nommer. » Et de conclure dans la grande tradition chrétienne : « C'est l'Esprit qui ouvre les oreilles et qui donne de parler : il crée un langage pour l'homme qui sans lui ne peut pas nommer Dieu[4]. »

Dans la même optique, François Varillon affirme : « Toute parole à Dieu implique une parole sur Dieu[5] » ; et cette affirmation vaut, en soi, définition de la prière acte de foi dont le double objet est de dire Dieu tout en s'adressant à Lui.

La prière acte d'espérance. De la même manière que pour la prière acte de foi, la prière acte d'espérance peut tout aussi bien être le fait d'un homme en quête de Dieu que d'un homme convaincu. C'est ainsi qu'au « Si tu me cherches, c'est que tu m'as déjà trouvé » de Jésus-Christ, peut répondre une parole-prière comme celle de Victor Hugo :

Dans l'obscurité sourde, impalpable, inouïe,
Je me retrouvais seul, mais je n'étais plus moi...
... Il ne restait de moi qu'une soif de connaître,
Une aspiration vers ce qui pourrait être,
Une bouche voulant boire un peu d'eau qui fuit ;
Fût-ce au creux de la main fatale de la nuit.

Ou que face à l'évidence de la révélation, le croyant accepte d'être totalement dépassé par le Dieu qu'il prie et dont il ne peut jamais totalement embrasser l'essence. Ce que saint Augustin traduit par une formule dont la brièveté n'a d'égale que la profondeur : « Si l'on réduit Dieu à ce que l'on en conçoit, ce n'est plus Dieu. » La prière espérance constitue donc l'expression même de la confiance que le croyant met en la divinité en laquelle il croit, mais dont il ne peut circonscrire la nature, avec l'assurance d'être entendu et accueilli malgré cette méconnaissance. En d'autres termes, la prière espérance se situe aux antipodes de l'espoir – qui n'est jamais qu'attente

[4] *Le Choix de Dieu,* éd. Fayard.

[5] *L'Humilité de Dieu*, éd. Le Centurion.

d'un éventuel possible –, en cela qu'elle proclame une certitude qui trouve sa justification et sa légitimité dans l'expérience mystique (la foi). Espérer, au sens spirituel du verbe, ne signifie pas soupirer après la réalisation hypothétique de ses désirs, mais œuvrer en accord avec son intime conviction pour que se réalise ce qui doit être – et ne peut qu'être – réalisé.

De l'espoir à l'espérance, le doute a donc sauté.

Pour le croyant, la prière acte d'espérance vise donc une communion sans cesse plus étroite avec la divinité qui l'a inspirée, communion dont le plus haut degré est la contemplation. Ce qu'Alexis Carrel formulait de la façon suivante : « Il faut entendre par prière, non pas la simple récitation machinale de formules, mais une élévation mystique, où la conscience s'absorbe dans la contemplation du principe immanent et transcendant du monde. »

La prière acte de charité. Débordée par le sens second donné au mot dans son usage courant, la charité apparaît bien souvent pour ce qu'elle n'est pas, à savoir une bonté un peu complaisante, sinon franchement condescendante, à l'égard d'autrui. Ce glissement de signification par rapport à la définition originelle du terme est d'autant plus regrettable qu'il occulte tout ce qui fait le prix de l'engagement spirituel et qui n'est autre que l'Amour : amour de Dieu pour l'homme et réciproquement, mais aussi – dans les religions d'inspiration judéo-chrétienne notamment – amour de l'homme pour l'homme en vue de Dieu, et à travers lui. Considérée par les chrétiens comme la plus grande des trois vertus théologales – avant même la foi et l'espérance – la charité est celle qui impulse le plus de « dynamisme » à l'expérience humaine de l'amour, qu'elle concrétise à tous les instants de la vie, en trouvant son prolongement naturel dans l'éternité de l'amour divin.

Voie royale menant à Dieu et non pas chemin de traverse, la charité est donc vertu transcendantale par excellence. Sur ce point, saint Paul est on ne peut plus explicite, qui écrit, dans sa première épître aux Corinthiens : « La charité est patiente, elle est pleine de bonté ; la charité n'est point envieuse ; la charité ne se vante point, elle ne s'enfle point d'orgueil, elle ne fait rien de malhonnête, elle ne cherche point son intérêt, elle ne s'irrite point, elle ne soupçonne point le mal, elle ne se réjouit point de l'injustice, mais elle se réjouit de la vérité ; elle excuse tout, elle croit tout, elle espère tout, elle supporte tout. » Autant dire que cette longue description recouvre en totalité l'idée que le croyant peut se faire de son Dieu. Plus encore : elle ressemble à s'y méprendre à tout ce qu'il sait de Dieu.

Les différentes formes de prière

Mode privilégié et passage obligé de la relation homme-Dieu, la prière s'impose tout à la fois comme la concrétisation de ce rapport transcendantal et comme le meilleur « outil » pour le rendre encore plus étroit et plus dense. Rapportée aux trois grandes catégories exposées ci-dessus, la prière peut donc s'exprimer de trois manières différentes, indépendamment des formes qu'elle peut prendre – psaume, cantique, méditation, texte liturgique, formules traditionnelles ou spécialement créées, démarche à l'égard du prochain, etc. – selon qu'elle vise la reconnaissance et le témoignage (acte de foi), l'espérance et la confiance (acte d'espérance et action de grâce) ou le partage de l'amour de Dieu et des hommes (acte de charité). En ce domaine plus que tout autre, chacun est parfaitement libre de ses intentions, de sa parole et de ses gestes, des plus humbles aux plus ambitieux.

En tout premier lieu, prier, c'est élire le Dieu qui a fait élection de l'homme, car aimer, c'est d'abord accepter d'être choisi. En d'autres termes, c'est être en marche vers un but qui nous dépasse et que nous ne pouvons atteindre sans l'aide du Dieu prié pour cela même, un peu de la même manière que les Hébreux de la Bible s'en remettaient à leur créateur pour les conduire à la Terre promise. Y parvenir, c'est atteindre l'essence même de la promesse de Dieu. En ce sens, la prière est un mouvement intérieur généré par la reconnaissance du Dieu qui s'est fait connaître à travers des signes explicites ou implicites, en même temps que signe elle-même de confiance, de liberté et d'abandon à l'égard de ce Dieu vers lequel le croyant se porte. La prière est donc l'expression concrète d'une reconnaissance conjointe du signe et de Celui qui l'a envoyé ; elle s'impose donc tout naturellement comme la réponse au signe adressé par Dieu, duquel elle est l'écho, tout en générant le dialogue rendu possible par le signe. Elle est donc contresigne actif : elle contresigne.

C'est pourquoi l'on peut dire que la prière est simultanément reconnaissance, rappel, mémoire, commémoration et témoignage du signe fondateur de la relation homme-Dieu, et sève de cette relation même, mariage parfait du passif (je reçois le signe) et de l'actif (je reconnais, j'accueille et je prolonge). D'où il ressort que la prière – expression concrète du rapport homme-Dieu accepté, voulu et désiré dans son approfondissement perpétuel – fonde, nourrit, fait vivre et perfectionne sans cesse cette relation même.

Prier, c'est consommer chaque fois un peu plus l'Alliance avec Dieu, en quittant le confort des certitudes terrestres et temporelles pour s'engager dans les remous de la transcendance avec la conscience sans cesse rassurée qu'une assise solide est bien présente dans cet au-delà où l'on se jette corps et âme. Et si, comme Littré, il nous arrive d'éprouver le sentiment que « Dieu est un océan pour lequel nous n'avons ni barque ni voile », la certitude que confère la foi permet de dépasser doutes et craintes ; car, pour les croyants, la barque, c'est la parole de Dieu, et la voile, la Foi, gonflée par le souffle de l'Esprit. Pour les tenants du christianisme, les choses sont même encore plus claires puisque l'embarcation suprême, c'est le Christ. Mais pour les uns comme pour les autres, la prière peut légitimement être considérée comme une paire de rames grâce auxquelles le croyant peut s'aventurer toujours plus loin sur l'océan divin, rendant ainsi le rapport homme-Dieu encore plus dynamique ; mouvement essentiel et constant qui est la caractéristique première de la vie... de l'Amour vivant.

Dans ce lent et long voyage de l'homme vers Dieu à travers un « espace » qui voit soudain craquer toutes ses limites, la prière s'impose donc comme l'outil privilégié de la transcendance. Par cette prise de parole pas comme les autres, le croyant – ou, plus largement encore, le priant – affirme de façon tout à fait temporelle sa libre adhésion et sa libre fidélité à la divinité. Et c'est ainsi que l'on peut dire que la temporalité de la prière conduit à l'atemporalité de la contemplation, but ultime qui se définit par la fusion avec l'Etre. La plus haute forme de la prière se confond donc avec la vie de l'Etre.

UNE DOUBLE RHÉTORIQUE

La pratique de la prière en religion fonctionne sur une rhétorique qui est celle du dialogue d'une part et du silence d'autre part. Une des clés pour comprendre la prière consiste à se positionner au carrefour de ces deux voies. Dans ce jeu entre dialogue et silence il n'y a pas de gagnant, c'est de l'histoire du salut de l'homme, et par extension de celle des communautés croyantes ou non, qu'il s'agit.

Les différentes manières de prier

Qu'elle soit pure proclamation de foi, expression d'amour et de reconnaissance, demande implicite ou explicite de bienfaits ou encore simple tentative d'attirer sur soi l'attention de Dieu, la prière est un acte qui engage celui qui la formule ou la pense. Et ce, bien sûr, à condition que le priant ne se retranche pas derrière des formules auxquelles il supputerait une quelconque vertu « magique ». La vraie prière suppose, en effet, un engagement intime et personnel de celui qui l'émet, quand bien même sa démarche serait infiltrée par le doute.

A partir de là, toute prière est, par essence, valide. Jusques et y compris dans ses balbutiements les plus confus. Car ce qui compte réellement, c'est moins sa formulation que l'intention qui l'engendre et la leste. Ce qu'explique parfaitement Georges Bernanos dans un très beau passage du *Journal d'un curé de campagne* : « Oh, je sais parfaitement que le désir de la prière est déjà une prière, et que Dieu ne saurait en demander plus... Nous nous faisons généralement de la prière une si absurde idée !... Si la prière était réellement [...] une sorte de bavardage, le dialogue d'un maniaque avec son ombre, ou moins encore – une vaine et superstitieuse requête en vue d'obtenir les biens de ce monde – serait-il croyable que des millions d'êtres y trouvassent une dure, forte et plénière joie ! »

Expression d'un pur élan vers Dieu, dans lequel le don de soi se mêle intimement à la reconnaissance et à l'accueil de la divinité, la prière ne connaît, dès lors, aucune limite dans ses formes d'expression. Tous les genres, tous les styles, tous les mots s'équivalent, les longues récitations de formules consacrées comme les citations les plus brèves, les méditations les plus élaborées comme les paroles, les pensées et les intentions les plus immédiates. Ce qui importe avant tout, en effet, c'est l'engagement intime de la personne et l'authenticité de sa démarche.

Aspect essentiel parfaitement souligné par Jean-Jacques Rousseau au fil de ses *Confessions* : « Dans ma chambre, je prie plus rarement et plus sèchement : mais à l'aspect d'un beau paysage, je me sens ému sans pouvoir dire de quoi. J'ai lu qu'un sage évêque, dans la visite de son diocèse, trouva une vieille femme qui, pour toute prière, ne savait dire que Oh ! Il lui dit : Bonne mère, continuez de toujours prier ainsi : votre prière vaut mieux que les nôtres. Cette meilleure prière est aussi la mienne. »

Peu importe, dès lors, « que la prière soit commune ou solitaire, programmée ou libre », comme le remarque justement le père Ghislain, moine à l'abbaye de la Pierre-qui-Vire, « puisqu'elle est, dans sa réalité ultime, recherche et rencontre personnelle de Dieu ; la personne s'y engage ou devrait s'y engager totalement ; seul le mode de l'engagement varie. » Engagement affectif, bien sûr, mais engagement temporel aussi, tant il est vrai que « prier, c'est donner du temps à Dieu », de son temps de vie, puisqu'ici bas l'existence est indissociablement liée au temporel. En d'autres termes, prier, c'est donner son temps pour que Dieu existe dans le temps de l'homme, donc dans sa vie. Et c'est en même temps répondre à l'appel implicite ou explicite du Dieu qui s'est préalablement fait connaître au croyant, dont la prière constitue alors la réponse idéale à cet appel, quelle que soit la forme qu'elle emprunte. On prie tout aussi bien en acte qu'en pensée, en allant vers les autres qu'en se recueillant, car il n'existe pas une mais de très nombreuses façons pour un croyant de se rendre présent et attentif au Dieu attentif et présent qu'il vénère. Ce qui fait tout naturellement dire au père Ghislain que « la prière est la respiration de tout chrétien, peut-être même de tout homme. »

Le cas particulier du christianisme

Considéré comme un prophète tant par les juifs que par les islamistes, Jésus atteint une dimension nouvelle dans la religion catholique romaine, qui lui reconnaît le double statut d'homme et de fils de Dieu. Ce Dieu fait homme, qui « procède du Père » et ne fait qu'un avec lui – selon les affirmations mêmes du *Credo* – constitue un cas unique dans l'univers des religions monothéistes, dont aucune autre n'offre une telle proximité entre le croyant et la divinité. Et ce d'autant que cette humanité du Christ est le fruit d'une naissance *a priori* naturelle par l'entremise d'une mère – Marie en l'occurrence.

Cette double filiation humaine et divine, qui constitue la clef de voûte du christianisme, résout d'emblée deux problèmes essentiels posés par la foi :

1) Si Dieu a créé l'homme à son image, alors son Fils peut apparaître sous les traits d'un homme sans pour autant cesser d'être Dieu ;

2) Et si Dieu est, par essence, inconcevable à l'homme, il lui est, en revanche, « accessible » par l'entremise de son Fils incarné.

Sur ce dernier point, les paroles de Jésus rapportées dans les différents Evangiles sont d'ailleurs d'une clarté exemplaire, puisqu'elles disent en substance : nul ne peut connaître le Père si je ne le lui fais pas connaître et nul ne peut aller au Père sans en passer par moi. En d'autres termes, cela signifie que la « connaissance » de Dieu n'est possible à l'homme que pour autant que Dieu ait choisi de se faire connaître et que le meilleur moyen de parvenir à lui est d'en passer par l'humanité de son Fils, qui incarne l'humanité tout entière. (Ce qui, soit dit en passant, s'inscrit parfaitement dans le discours des prophètes.)

Pour toutes ces raisons, la prière chrétienne qui s'adresse à Dieu s'adresse aussi tout naturellement à Jésus-Christ.

A signaler, enfin, que l'élection de Marie par Dieu pour être la mère terrestre de son Fils confère à cette dernière un statut particulier qui justifie pleinement la prière du chrétien à son égard. C'est pourquoi l'on trouvera plus loin plusieurs textes de prières qui lui sont tout particulièrement destinés.

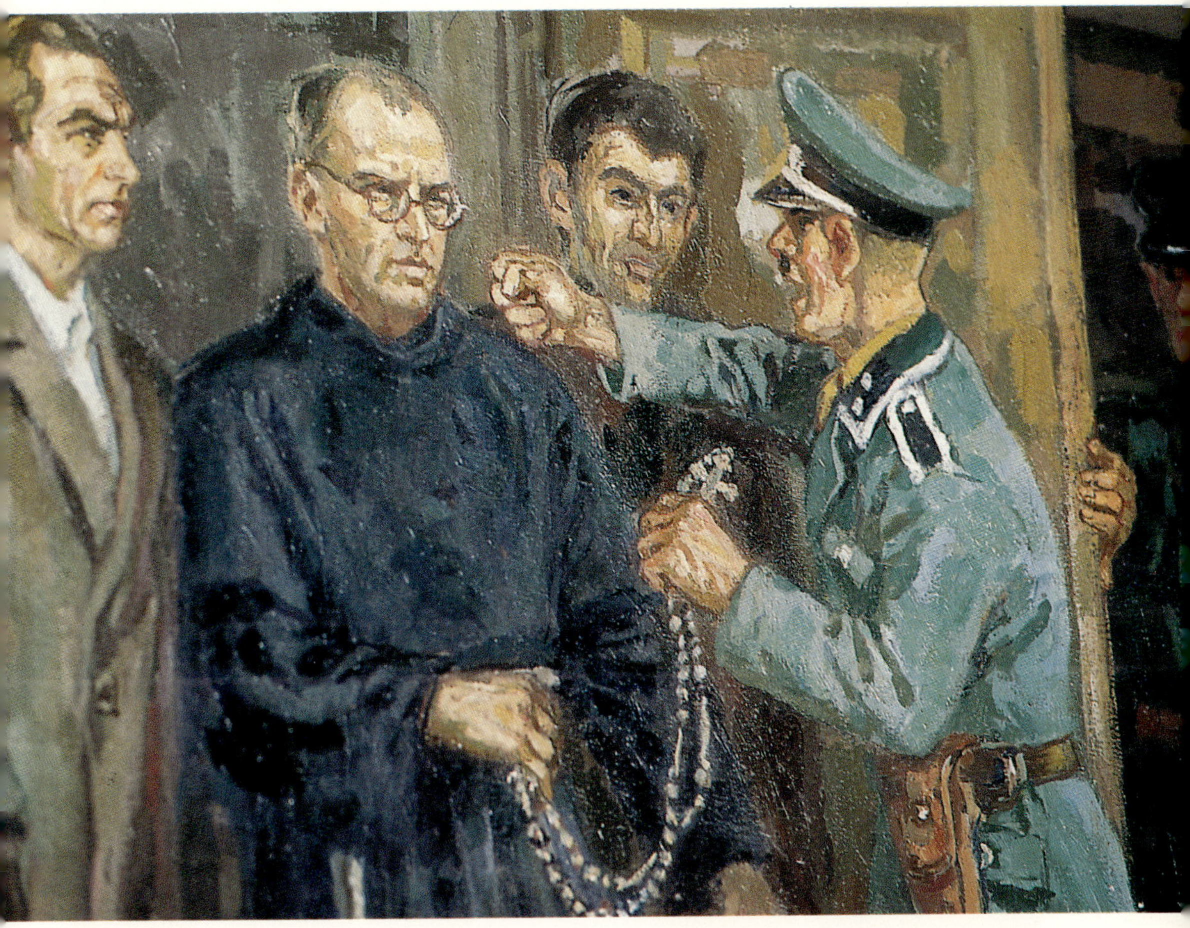

Opposer l'amour, la prière et la foi aux débordements les plus impensables de la folie humaine : tel fut le choix exemplaire de certains croyants ou religieux tel saint Maximilien lors de la Seconde Guerre mondiale (Le Père Kolbe, Pologne © John Pole/Alpha Oméga)

Pleinement concentré dans une attitude d'humilité, d'abandon et de recueillement extrêmes, le Christ s'offre activement à l'Esprit dans un pur élan de prière à l'occasion de son baptême (Baptême du Christ par saint Jean-Baptiste, Le Pérugin, XVI*e* *siècle © John Pole/Alpha Oméga)*

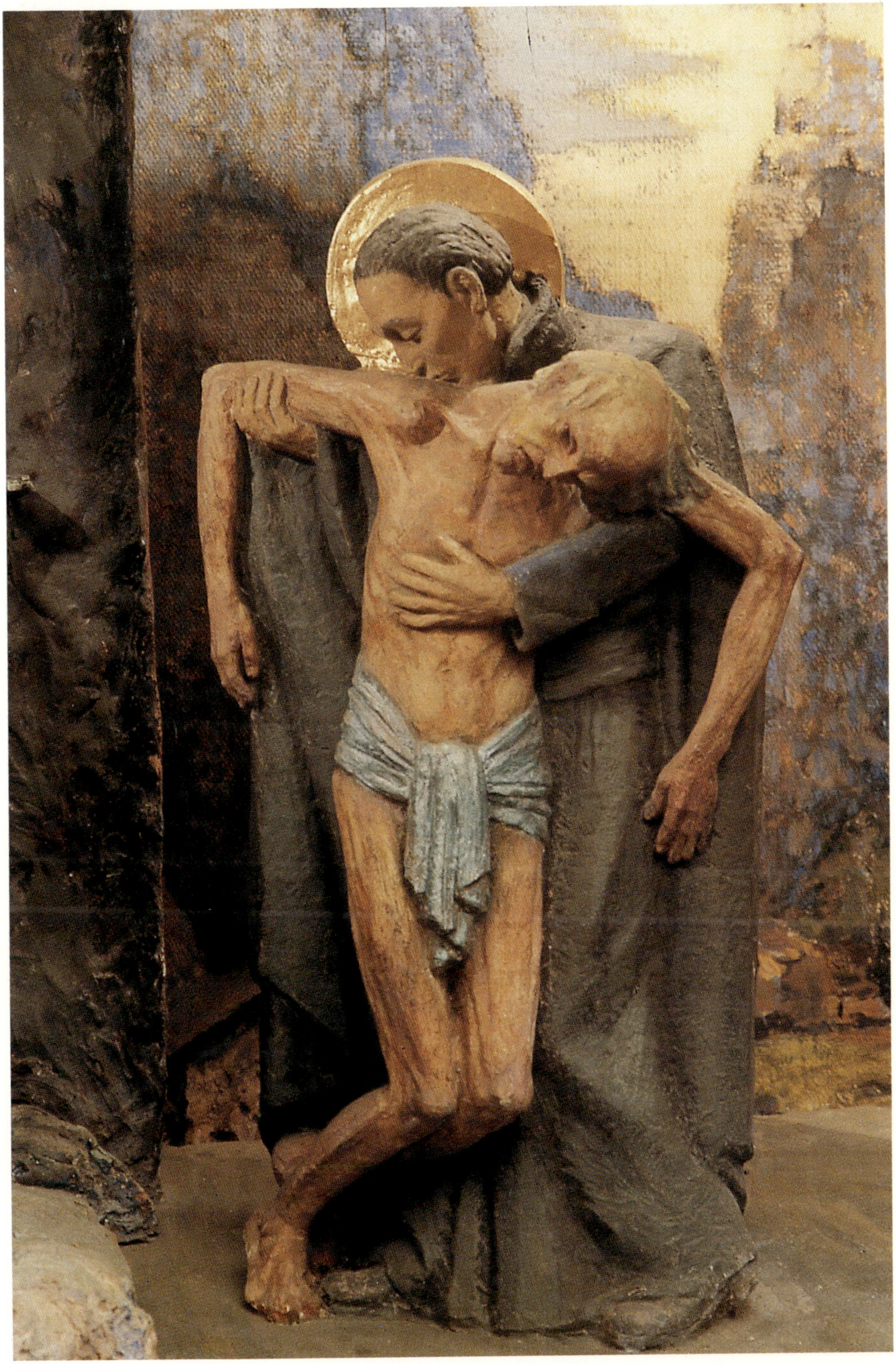

La compassion suprême conduit à l'unité parfaite avec l'autre, Dieu et/ou homme, dans l'Amour divin. La prière constitue l'un des moyens de parvenir à cet état de grâce (saint Jean-François Régis, chapelle de La Louvesc © John Pole/Alpha Oméga)

Par le contraste saisissant entre les symboles de l'asservissement – épais mur clouté, lourdes chaînes – et ceux de la liberté suprême – visage lumineux, regard ébloui vers le ciel – saint Léonard témoigne du pouvoir mystérieux de la prière (saint Léonard, patron des prisonniers, musée de la prison de Fontainebleau © John Pole/Alpha Oméga)

Fondements de la prière

Qu'est-ce que la prière ? A quoi sert-elle ? Pourquoi – dans la plupart des religions – les hommes recourent-ils à cette médiation privilégiée qu'est la prière ?

Questions étranges, et même impertinentes pour certains.

A l'écoute des écritures et des transmissions ancestrales, un écho se fait en nous, une réalité mystérieuse anime nos âmes : parler à dieu, répondre à la parole de Dieu !

La prière est avant tout un parcours intérieur

La prière semble avoir été cónçue par les hommes pour produire une résonance divine entre Dieu et l'homme. Sa force réside dans l'intensité qui transcende les mots. La prière – plus qu'une demande d'intercession, comme nous le verrons –, comporte une dimension prophétique unique.

La définition chrétienne de la prière, élévation de l'âme vers Dieu, peut être étendue à un grand nombre de religions. Mais, n'y a-t-il qu'une seule définition de la prière ?

Pour notre part, nous retiendrons la définition de Marguerite-Marie Thiollier : « La prière (du latin *precari*) : élévation de l'âme vers Dieu pour lui rendre hommage. Elle peut exprimer la louange, l'adoration, la supplication ou la reconnaissance[6]. »

La prière existe dans toutes les religions sous forme d'invocations, de paroles, de musique, de gestes rituels, de phylactères, etc.

[6] M. M. Thiollier, *Dictionnaire des religions*, éd. Atelier Alpha Bleue, 1990.

Témoignage d'une vie et force d'une espérance

La prière est souvent le témoignage d'une vie ou du moment d'une vie ; elle est également la marque d'une espérance que le « priant » met en Dieu. C'est un même Dieu d'amour que recherche l'homme, à travers toutes les religions et sa prière est une médiation, une réponse à l'appel du Divin.

Trois prières, parmi d'autres, prises dans trois religions différentes, attestent de cette recherche d'une vie « sainte » et d'une relation directe avec Dieu :

Notre Père qui es dans les cieux,
que ton Nom soit sanctifié,
que ton Règne arrive,
que ta Volonté soit faite,
sur la terre comme au ciel.
Donne-nous aujourd'hui notre pain quotidien,
Remets-nous nos dettes
comme nous-mêmes avons remis à nos débiteurs.
Et ne nous soumets pas à la tentation,
mais délivre-nous du Mauvais.
Oui, si vous pardonnez aux hommes leurs manquements,
votre Père céleste vous pardonnera aussi ;
mais si vous ne pardonnez pas aux hommes,
votre Père non plus ne vous pardonnera pas
vos manquements.

Evangile selon saint Matthieu (6, 9-15)[7]

O Dieu je ne désire rien
Qui puisse me séparer de toi,
Ni le pouvoir sur le monde entier
Ni la maîtrise du monde des enfers, resplendissants de trésors,
Ni la rédemption,
Ni la non-renaissance de ceux qui ont été entièrement délivrés.

Bhagavad-Gita (texte sacré des fidèles Vishnu-Krishna, écrit vers 550 après J.-C.) (6, 11, 25)

[7] Comme bien d'autres, le texte de cette ancienne prière pose le problème de la relativité des traductions, maintes fois revues et corrigées d'âge en âge. Il existe ainsi plusieurs versions des grands textes sacrés.

O Dieu, je cherche ton aide dans ta grande sagesse.
Donne-moi la capacité d'agir grâce à ta puissance :
je le demande à ta bienveillance.
Tu sais, je ne sais rien.
Tu es puissant, je suis faible.
Toi qui connais tout ce qui est secret,
ô Dieu, si tu sais que ce que j'entreprends est bien,
pour ma foi, pour ma vie, pour mon bien-être,
fais que cela soit et assure ma prospérité en cela,
mais si cela est mauvais pour ma foi, pour ma vie
et pour mon avenir, éloigne-le de moi
et montre-moi ce qui est bien.

Prière enseignée par Mahomet à son disciple Jahir

La prière salvatrice

Nous touchons là aux pouvoirs et – osons le terme – à la « magie » de la prière.

Elle sauve l'homme de sa situation d'Etre unique et solitaire. Dans les tourments que traverse le monde, elle donne lieu à des formes de prières collectives fortes, ou à des prières individuelles de type rédempteur.

Nous renvoyons là à deux textes, de deux religions différentes, mais ô combien significatifs de cette forme de prière.

Je trouve maintenant ma joie dans la souffrance que j'endure pour vous. Et ce qui manque aux détresses du Christ, je l'achève dans ma chair en faveur de son corps qui est l'Eglise.

Colossiens (1, 24)

O Dieu, conduis-moi parmi ceux auxquels tu as montré
le droit chemin, et sauve-moi des calamités de ce monde
et de l'autre, et compte-moi parmi ceux que tu aimes
et que tu as traités en amis. Multiplie sur moi tes bienfaits
et préserve-moi du mal...

Supplication à Allah[8]

[8] Marie Maglione, *Les plus belles prières du monde.*

La rétribution

Au sens théologique du terme il s'agit de l'acte de justice de Dieu « rendant à chacun selon ses œuvres ». Cette notion a donné lieu à de profondes discussions. Le Livre de Job offre la possibilité d'un débat puissant sur cette question d'autant que dans l'Evangile de Matthieu (5, 45) il est dit clairement que le Père fait lever le soleil sur les méchants et sur les bons et tomber la pluie sur les justes et les injustes. Alors ?

Dans la prière, cette notion établit un lien direct entre le mal que l'on reçoit ou que l'on vit, et celui qu'on a fait ou qu'on a pu faire. C'est la sempiternelle question : « Qu'est-ce que j'ai fait au bon Dieu pour souffrir autant ? ». Cette caractéristique de la prière chrétienne a souvent été à la source de l'athéisme.

La prière affirme que Dieu seul peut nous sauver

Les Psaumes nous rappellent que chaque homme « met son espoir dans le Seigneur » et qu'il est « sûr de sa parole » (Ps, 130). Acte de foi par excellence, cette prière, si souvent chantée par les chrétiens, comporte deux éléments indissociables : une marque forte de la confiance que l'homme met en Dieu ; la volonté déterminée de proclamer la force unique et absolue de Dieu.

Dieu est le seul sauveur. Il n'est pas qu'un simple sauveur, une possibilité putative d'être sauvé. Il est celui en qui on remet toute sa vie, quelle qu'en soit l'issue.

La prière à Rama écrite par le poète indien Tulsidas (1532-1623) nous conforte dans cette caractéristique universelle de la prière :

Seigneur, tourne ton œil pour me regarder, car tout seul je ne puis rien. Où puis-je aller ? A qui puis-je confier mes soucis ? Je ne suis qu'un don votif posé à tes pieds...

Prière à Rama, par Tulsidas, peintre, poète de l'école de Ramanuja

L'altérité

La question personnelle et sociale est avant tout fondée sur la liberté de chacun et le respect de l'homme. La morale qui se dégage de la prière doit être une morale de la Vérité et une morale de l'Amour. Même si cela ne masque pas les problèmes, une telle morale – ouverte sur l'autre – doit être une morale de joie. Derrière cet aspect il y a l'amour du prochain : c'est-à-dire se laisser inspirer et animer par l'amour de Dieu. Cet amour est une des quêtes de la prière !

Enfin il y a le désir ardent du pain et de l'amour.
Chacun souhaite aimer et être aimé.
Celui qui ne se sent pas aimé
a l'impression de ne pas compter.

Martin Luther King, pasteur noir assassiné en 1968

Histoire

Nous abordons ci-après la lointaine histoire de la prière afin de comprendre les sources de cet acte humain fondamental. En ce qui concerne le Moyen Age, on trouvera tout au long de l'ouvrage des textes de cette époque dont l'épitaphe de François Villon.

Dès le Paléolithique

Au Paléolithique moyen, le froid vif de la glaciation de Würm a obligé les hommes à se réfugier dans des cavernes qu'ils délaissaient dès que la douceur des saisons plus tempérées le permettait. On retrouve, datant de cette époque, des sépultures humaines qui laissent à penser que la spiritualité envahissait l'âme des hommes. Les corps étaient accompagnés d'offrandes funéraires : silex, beaux quartiers de viandes, bollas... Tous ces objets, considérés comme vitaux, étaient donnés aux morts et donc offerts, sous forme de « prière », de dons aux défunts et par leur truchement au dieu (créateur et/ou vengeur ?). On trouve aussi des statuettes de déesses-mères ou d'idoles féminines – dont la France possède quelques forts beaux fleurons au musée de Saint-Germain-en-Laye –, qui symbolisent la vie et la réalité humaine féconde. Signalons : les statuettes de Dordogne (hanches larges, seins volumineux, pédoncules pour les enchâsser à même le sol...) ; la Vénus de Brasempouy (Landes) qui est, à ce jour, le plus ancien visage sculpté connu.

La vie spirituelle se développe au Néolithique (– 6 500 à –1 800 avant J.-C.) et au quatrième millénaire apparaissent d'importants monuments (ex-voto, supports de prière ?) que l'on a dénommés mégalithes. Ce sont soit des pierres levées ou menhirs, soit des tables constituées de grandes dalles de pierres ou dolmens. Les dolmens étaient des sépultures collectives où les corps enfouis étaient généralement enfouis avec des offrandes funéraires (en pierre, perle, céramique...). On en retrouve dans le monde entier, et en France, jusqu'au deuxième millénaire, de la Bretagne aux Cévennes en passant par le Tarn et l'Aveyron. Il n'est pas impossible d'émettre l'hypothèse, là aussi, que l'ensevelissement des morts s'accompagnait de cérémonies rituelles au cours desquelles des prières étaient récitées.

En Mésopotamie

Dès la protohistoire, nous trouvons à Suse des textes dont la détermination (sacrée, ou politique ?) donne lieu à de nombreuses hypothèses.

Ne peut-on pas penser que le texte qui suit est une prière (mais à qui est-elle destinée ?) : « L'ennemi de Narâm-Sin est mon ami » ?

Il n'y a pas ici de compassion, ni de pardon ; il y a l'affirmation d'un pouvoir et d'une vérité considérée comme définitive.

La stèle d'Untash-Napirisha, retrouvée à Suse et conservée actuellement au Louvre, présente dans sa partie supérieure le roi devant un dieu (Inshushinak ?). Dans la partie médiane supérieure, le roi est avec sa femme et une prêtresse (médiatrice du dialogue avec le dieu). Dans la partie inférieure, un homme-mouflon tient l'arbre sacré. Il est clair que l'on a ici toutes les étapes de la médiation homme-Dieu qui se termine par un dialogue direct : une prière.

Nous évoquons brièvement cette phase de l'histoire qui mériterait un développement plus important. Il ne s'agit pour nous que d'insister sur la relation directe, que l'homme recherche avec son dieu dès la protohistoire. Cette relation est une démarche d'intercession, de prière, de demande de pardon.

L'Égypte pharaonique

Les Egyptiens de l'Antiquité étaient très croyants. L'immortalité des dieux et leur omniprésence dans la vie quotidienne poussaient à la prière. Dans la tombe de Pétorisis on a retrouvé cette prière, preuve de l'importance que revêtait le dialogue avec le pharaon (représentant de Dieu), les prêtres, ou directement avec Dieu :

A vous tous les vivants qui êtes sur terre et à tous les enfants à naître qui viendrez sur cette montagne et verrez cette tombe auprès de laquelle vos pas vous conduiront, je dis ceci : venez à moi et je vous conduirai sur le chemin qui mène à la vie.

Lors de processions funèbres, pour le voyage jusqu'à la nécropole, le cercueil en forme de corps humain contenant la momie du défunt était accompagné de chants funèbres, des cris et des pleurs des pleureuses conviées pour la circonstance. Les textes, sous forme de prière, qui étaient récités tendaient à dire au défunt qu'au-delà de la mort il retrouverait la vie. Des danseurs attendaient le cortège en récitant :

La montagne étendra ses bras vers lui,
et les Ka vivants l'accompagneront pendant son voyage.
Ses bras seront entourés par ceux de ses Ka, les Ka de ses ancêtres.

Et les chœurs répondaient unanimement :

Comme il fera bon de demeurer avec ton Ka, à tout jamais !

Dans *Connaître la civilisation des pharaons*, G. Cantù rappelle qu'afin « d'établir des rapports très étroits, confinant presque à leur identification, entre le défunt et le Dieu suprême, on utilisait une formule magique qui était prononcée lors de l'inhumation. Toutes les fois que l'on rappelait un acte commis par celui qui était mort ou subi par lui, son nom était prononcé en association avec celui d'Atoum auquel il devenait alors pratiquement assimilé. »

Cette prière est à destination universelle et chacun peut y être inclus :

Si l'on doit porter préjudice à X, c'est à Atoum que le mal sera fait. Si l'on doit combattre X, c'est contre Atoum que l'on se battra. Si l'on doit accabler X, c'est Atoum que l'on accablera. Si l'on doit rejeter X de cette vie, c'est Atoum qui en sera chassé. X est Horus ! X se tient derrière son père. X est ici derrière Osiris.

La prière chez les Egyptiens pouvaient aller très loin dans le rite magique. Un officier égyptien, Isidore, dont un papyrus est passé à la postérité, relate l'anthropophagie magique chantée dans un hymne nommé *Hymne cannibale*. Il s'agit de l'une des compositions les plus solennelles, dit G. Cantù, des textes des Pyramides :

... La grandeur d'Ounis le place avant tous les nobles de l'horizon. Ounis est le plus ancien Dieu parmi les plus anciens dieux : des milliers le servent, des centaines lui apportent des offrandes. Sah, le père des dieux lui a remis le sceau du pouvoir et de la grandeur. Ounis est monté au ciel où il est couronné comme le seigneur de l'horizon. Il a compté les vertèbres des dieux. Il s'est emparé de leurs cœurs. Il a mangé la couronne rouge ; il a avalé la couronne verte. Ounis se nourrit des poumons des sages : il est heureux de se repaître de leurs cœurs et de leur magie[9].

Les Grecs déjà...

Aristote nous rappelle que les Grecs priaient. N'a-t-il pas laissé un poème qui commence ainsi :

O Dieu antique et vénérable, toi qui lance au loin les traits...

Pour Aristote, comme pour Platon, Dieu est avant tout incorporel. Il est le détenteur de la providence céleste. Faire référence à lui est nécessaire d'autant que l'âme de l'homme est incorporelle également.

L'adéquation recherchée entre l'acte et la pensée – de caractère ontologique – n'est-elle pas déjà une forme de prière ?

Que quiconque témoignera à un autre de la joie lorsqu'il lui sera arrivé du bien ; et au contraire qui fera apparaître de la tristesse lorsqu'il lui sera arrivé du mal ; celui-là sera mon ami.

En conséquence, un véritable Ami doit toujours, d'une manière ou d'une autre, du bien à un Ami, au titre de la Vérité. Dans le vieux fond grec apparaît déjà l'humanisme chrétien. Clément d'Alexandrie reliait les philosophes grecs (Epictète, Aristote, Platon...) aux apôtres en disant : « Tous ils rêvent à Dieu ».

[9] *Hymne cannibale*, extrait, traduction A. Bernard.

Dans le paganisme grec, centré sur la liberté, se dessine la trame des évangiles. Dans les pensées d'Epictète on retrouve l'esprit de tolérance et de liberté que l'on croisera chez saint Paul, ainsi que la reconnaissance de Dieu par l'homme.

> *Lève enfin la tête, tel l'homme délivré de l'esclavage. Ose lever ton regard vers Dieu et dis-lui : dispose de moi selon ton plaisir ; toutes mes pensées sont à toi, moi-même je t'appartiens...* (Le Manuel)

Dans la prière à Hélios on retrouve les notions de rédemption « secourable à tous », de justice divine « œil de la justice », de paradis qui« révèle aux initiés la douce vie » :

> *Gardien de la fidélité, éternel et suprême,*
> *secourable à tous, œil de la justice, lumière de la vie ;*
> *ô aurige qui presses*
> *le char de ton fouet sifflant,*
> *écoute mes accents et révèle aux initiés la douce vie.*

Les Romains et la prière

Le culte romain présente deux formes : la prière et le sacrifice. Les prières demandent des biens et des soutiens matériels : santé, prospérité, fécondité ; parfois il s'agit d'une réconciliation de l'homme avec la divinité. Parfois, chez les Romains, la prière individuelle ne consiste qu'en une invocation brève : « Mais le plus souvent elle s'étale en formules longuement développées et soigneusement rythmées, qui précisent avec beaucoup d'insistance la faveur demandée, et s'il y a lieu, le sacrifice qui va être offert[10]. »

Les Romains recherchent des dieux accessibles à la misère de l'homme, capables de pitié et de pardon, comme le montre cette prière d'assistance :

> *O Dieux, si la pitié est votre apanage, si vous avez jamais apporté une suprême satisfaction à des malheureux que déjà saisissait la mort, regardez ma misère.*

[10] Marie Maglione, *op. cit.*.

Si ma vie a été pure, arrachez de moi cette peste,
ce fléau qui s'est glissé jusqu'au plus profond
de ma chair [...] Non, je ne demande plus que
cette femme éprouve à son tour de la tendresse
pour moi, ni, chose impossible, qu'elle consente
à être chaste : c'est ma propre guérison que je souhaite [...]

Les Aztèques

L'ancienne religion du Mexique que nous connaissons le mieux est la religion aztèque. Elle est importante en raison du syncrétisme des croyances qu'elle porte en son sein : religions olmèque, toltèque, civilisation de Teotihuacan... Les dieux y étaient très nombreux (Tezcatlipoca, Quetzalcoatl, Xipe-Totec, Tlaloc, etc.).

Les prêtres et les prêtresses faisaient régner un pouvoir très fort que certains ont qualifié de « théocratie militaire ». La prière qui y était développée était très fortement liée au calendrier liturgique et à ses fêtes multiples. Mais une autre forme de prière existait aussi, c'est l'expression artistique.

Les religions mexicaines, et notamment la religion aztèque, ont produit un art extraordinaire, articulé autour d'une architecture imposante et pyramidale. Une fois encore nous voyons que le collectif et l'unique se conjuguent à travers la prière. Quoi de plus collectif, en effet, que ces sacrifices priants et obligatoires, que ces architectures qui marquent une civilisation et qui sont dédiées aux dieux, quoi de plus unique et humain que cette expression de l'art de l'homme, à travers fresques, hiéroglyphes, enluminures... !

Toutes les actions de la vie étaient rythmées de prières :

La fleur de mon cœur s'est ouverte
Voici le Seigneur de minuit.
Elle est venue, notre mère est venue,
Elle, déesse Tlazolteolt.

Il est né le dieu du Maïs
Dans le paradis de Tamoanchan[11]*...*

[11] Prière d'action de grâce pour les récoltes, in *Histoire des religions*, sous la direction de M. Brillant et R. Aigrain, éd. Bloud et Gay.

En Orient

Trois grands phénomènes « religieux » marquent l'Orient : les cultes des anciens Hindous, le bouddhisme, les religions chinoises anciennes.

Les cultes des anciens Hindous

Ces cultes retrouvent une partie des « réflexes » des cultes anciens dédiés à la terre. La divinité suprême est procréatrice et protectrice de la terre. Le dieu céleste parmi tous est Ka. L'hymne du Rgvéda dans son livre X, 121 est source de la Vérité :

> *... O Prapajapati (maître de la génération), toi seul comprends ces choses engendrées. Ce que nous désirons, nous te le sacrifions, afin que tu nous le retournes. Accorde-nous de grandes richesses.*

Les dieux étaient invoqués pour tous les moments de la vie. Voici par exemple un extrait de prière associée à l'apparition des dents d'un enfant : il s'agit d'un remerciement et de vœux exaucés :

> *Les deux tigres qui ont poussé, qui veulent dévorer le père et la mère, les deux dents, ô Brahmaspati, rends-les propices...*

Le bouddhisme

La dénomination du bouddhisme renvoie tout autant à la philosophie développée par le Gautama Bouddha qu'à la religion consacrée qui se développe autour de l'enseignement du maître. Trois points marquent le bouddhisme dans son essence :

– les mots du maître : les vertus de l'exemple, les lois de souffrance et de délivrance, les lois de continuité ;

– l'émergence constante d'une morale : la non-violence, le détachement personnel, le libre arbitre de l'homme, le renoncement, la pureté d'esprit ;

– l'universalité des symboles et d'un langage où libération et émancipation répondent aux questions de l'homme.

Les prières, sentences et textes sacrés offrent à l'homme les bases d'une évolution (d'une « révolution ») humaine. La notion de divin ne revêt pas dans le bouddhisme la même signification que pour d'autres religions. Comme l'écrit Bernard Baudouin : « Il n'existe pas de *bouc-émissaire* divin sur les épaules duquel nous décharger de tous nos péchés : l'homme est seul responsable de sa trajectoire, parce que c'est lui-même, de par ses actes, qui détermine la fréquence et la valeur de ses transmigrations, qui s'avance à son propre rythme et selon la pureté de ses aspirations vers l'ultime libération[12]. »

L'enseignement de Bouddha peut être résumé par cette pensée :

Ce qui n'a pas de racines ne saurait être ébranlé.
Où il n'y a pas d'ébranlement règne le repos.
Où règne le repos n'existe aucun plaisir.
Où n'est pas le plaisir, ni aller ni venir...
Là, aucune mort, aucune naissance...
Ni ici-bas ni au-delà, ni intermédiaire.
C'est la fin de la souffrance.

Les religions chinoises anciennes

Avant le bouddhisme, les Chinois considéraient les cultes et religions « d'un point de vue pratique ». Le culte des ancêtres est le plus ancien, et deux cultes semblent être parvenus jusqu'à nous : ceux dévolus au dieu de la terre et au Seigneur de Là-Haut. Ce dieu est prié dans un but de recherche de bonheur et de prospérité :

Le souverain descend vers l'autel principal et les quatre régions (de l'espace) forment son temple.
Dominez et concentrez vos pensées vagabondes afin que votre esprit s'arrête à sa place.
Que la pureté et la concorde puissent régner partout...

La Chine est aussi marquée par la pensée de Confucius qui enseigne une morale structurée autour de deux vertus : l'amitié, le *jen* et l'équité, le *yi*...

C'est par l'épanouissement de l'homme et son développement personnel que naîtra l'harmonie totale.

[12] Bernard Baudouin, *Le Bouddhisme,* éd. De Vecchi, 1995.

Dans le *Louen Yu* on peut d'ailleurs lire : « La sainteté et la parfaite humanité (*jen*), je n'ose y prétendre. Tout ce qui peut être dit de moi, c'est que je cultive la vertu sans relâche, que j'enseigne sans jamais me décourager. » Morale, simplicité, humilité et sagesse sont des clés pour comprendre le confucianisme. Plus qu'un système, nous dit Bernard Baudouin « le confucianisme est un guide de vie. Il forme et construit l'individualité de chaque homme[13] ». Le fondement de cette religion repose sur la morale, et parmi une des plus célèbres réflexions de maître K'ong se trouve le fameux « Ne fais pas à autrui ce que tu n'aimerais pas qu'il te fît ». Une pensée, une sorte de prière, universelle !

Lao Tseu, dans son *Tao Tö King*, est avec Confucius la personnalité religieuse la plus importante de Chine, celle qui vise à rapprocher l'homme de la perfection. Par la force de sa présence, de ses préceptes, c'est la puissance d'une volonté de perfection qui se dessine. Une façon de penser le monde qui va traverser les siècles. Sa pensée est une prière perpétuelle à la compréhension de soi, elle est fondée sur la doctrine mystique du *Tao* dont on connaît sa manifestation sous sa représentation yin et yang imbriqués. Cette représentation est décrite ainsi par Gabrielle Ruben : « Représentation synthétique du *Tao* : représentation du yin/yang manifestant le *principe suprême*. Un côté est plus yin, l'autre plus yang, mais il y a toujours du yin dans le yang et du yang dans le yin. Ils s'engendrent mutuellement en permanence. Si nous regardons cette figure dans le sens des aiguilles d'une montre, nous voyons comment le yin (représenté en sombre) croît jusqu'à un maximum (en bas) qui renferme le germe du yang d'où ce dernier va pouvoir se développer. Ainsi, peut être figuré le passage de la nuit (yin) au jour (yang) ou encore celui de l'hiver (yin) à l'été (yang). Nous constatons alors que les équinoxes sont les moments où yin et yang sont équivalents en proportion. C'est leur mouvement qui fait la différence : l'un croît, l'autre décroît. Ce sont les deux aspects nécessairement entremêlés de toute manifestation. Chaque phénomène, chaque action, porte le germe plus ou moins développé de son opposé ou complémentaire[14]. »

On le voit, les religions de l'Orient développent des écoles de sagesse, de maîtrise de soi, de développement personnel et de recherche de pureté.

[13] Bernard Baudouin, *Le Confucianisme,* éd. De Vecchi, 1995.

[14] Gabrielle Ruben, *Se soigner avec la médecine énergétique chinoise,* éd. De Vecchi, 1993.

Le triomphe du monothéisme

L'influence sans cesse grandissante du judaïsme instaure alors, peu à peu, la prépondérance d'un Dieu unique, Yahvé, esprit créateur éternel et tout puissant, dont la nature est progressivement révélée à travers les multiples témoignages et prophéties qui composent les livres sacrés de la Bible. Texte fondateur essentiel du judaïsme, puis ultérieurement du christianisme et en quelque sorte de l'islam, la Bible se singularise par son caractère dynamique ou, si l'on préfère, évolutif.

De livres en livres, en effet, prophètes, poètes et croyants – tous artisans de l'union transcendantale de l'homme avec Dieu – témoignent de la révélation nouvelle et de la nouvelle Alliance avec le Seigneur absolu ; alliance active qui se traduit par une double démarche de Dieu vers l'homme et de l'homme vers Dieu, inscrite dans la réalité matérielle et spirituelle, dans l'immédiat comme dans l'éternité. D'où un rapport « contractuel » en perpétuelle évolution, fondé sur un élan sans cesse reconduit du créateur vers ses créatures et réciproquement, dans un souci constant d'approfondissement de la relation dont le terme est l'osmose vivante, sans limites d'aucune sorte.

C'est sur ce fondement spirituel d'un type nouveau que va se développer le christianisme, la personne du Messie, homme-Dieu ou Dieu fait homme (ce qui revient au même) « signant » concrètement l'Alliance passée entre Yahvé et ses créatures. Serviteur divin, Jésus-Christ porte la révélation aux hommes de la façon la plus directe qui soit, en partageant leur condition sans pour autant cesser de la transcender ; il témoigne ainsi de l'amour de Dieu pour les hommes, amour qui constitue sa force et fonde sa puissance. Le Dieu de Moïse apparaît, dès lors, pour ce qu'il est : un maître absolu dont la préoccupation essentielle n'est pas de juger ni de condamner mais de rassembler et de pardonner, en donnant à chacun la liberté de construire, avec Lui, l'avenir radieux qui fut à l'origine de la Création.

Mahomet (forme francisée de Muhammad), père fondateur de l'islam, rejette quant à lui la religion hébraïque et le christianisme – qu'il considère comme des « altérations » du monothéisme. Né en 580 à La Mecque, il passa sa jeunesse à voyager. L'histoire dit « qu'il reçut la révélation du monothéisme à la suite d'une rencontre avec des moines chrétiens » et remplit, dès lors, « sa mission d'envoyé de Dieu auprès du monde arabe. C'est ainsi qu'Allah (déjà connu des habitants païens de La Mecque comme un dieu puissant parmi les puissants) devint le Dieu unique, le Permanent, le Maître du monde, qui récompensera ses fidèles mais réservera l'enfer aux mécréants le jour du jugement[15]. »

Un livre sacré – le Coran, « véritable parole de Dieu » – expose dogme et morale de l'islam ; il fait l'objet d'une véritable vénération de la part des tenants de cette religion comme en témoigne l'extrait de la prière suivante :

O Seigneur, fais pour nous du Coran un compagnon
de ce monde
et un confident dans la tombe
et un camarade au paradis...

Liés à la prière, pour les musulmans, il faut mentionner les pèlerinages. Le pèlerinage à la Mecque marque, dans l'espace et dans le temps, la volonté des croyants d'exister dans leur religion et le respect du sacré. Car, si les mots disent les choses, les actes les affirment dans la vie de chacun. Il y a dans le pèlerinage, comme dans la prière, ce que certains ont nommé « une énergétique de l'acte ».

Rappelons que l'islam affirme le monothéisme, vénère Jésus et sa mère dont on parle dans le Coran. Il reconnaît également les anges dont les quatre archanges : Gabriel, Michel, Azraël et Israfil sont les premiers par ordre de préséance.
Le dogme comprend :
– la croyance en Allah, « Dieu unique et créateur » ;
– la croyance en Mahomet, son prophète, qui a porté et diffusé la pensée de Dieu dans le livre saint qu'est le Coran.
La doctrine comprend cinq piliers :
– la profession de foi répétée souvent et en toutes circonstances ;
– la prière rituelle (cinq fois par jour) après avoir répondu à l'obligation des ablutions ;
– l'aumone légale ;
– le jeûne de vingt-neuf jours pendant le Ramadan ;
– le pèlerinage à la Mecque au moins une fois dans sa vie.
C'est dans ce cadre religieux – ici simplifié – que reposent les actes de foi du musulman.

[15] Marie Maglione, *op. cit.*

Ces rappels historiques qui nous ont fait remonter à la Genèse, ou presque, permettent de comprendre que le phénomène de la prière est inhérent à la nature humaine, il est consubstantiel à celle-ci.

La prière tend, depuis la nuit des temps, à conduire l'être à un état de conscience élevé où son esprit entre en relation avec le Divin. Sur la souffrance, la mort, le péché, le pardon, les religions ont encore quelque chose à nous dire. La prière devient alors, sans rentrer dans les différences fondamentales entre églises :

– une valeur salvatrice ou rédemptrice ;
– un principe d'éveil à la pureté ;
– un signe de la reconnaissance de l'imperfection humaine ;
– un vœu de louange ;
– une manifestation de foi ;
– un rituel communautaire ;
– une affirmation de la « compétence » de Dieu, ou de sa religion, pour sauver l'Etre humain ;
– un chant de louanges et de remerciements ;
– une marque d'espérance qui témoigne que le priant n'est pas totalement prisonnier de son mal ou de sa douleur.

Les chrétiens

Si Dieu se définit par la relation, c'est qu'il accepte d'avoir face à lui des libertés en action. Par la prière l'homme se retrouve dans sa totale liberté face à Dieu. A travers la question « m'entends-tu ? », il faudrait immédiatement ajouter « t'entends-je ? » Les deux questions sont indissociables dans la prière chrétienne, car l'homme s'identifie à ce qu'il dit à Dieu, mais aussi à ce qu'il reçoit de lui.

Foi et amour de Dieu

En ce sens la prière chrétienne est une vocation reçue, une réponse à un appel de Dieu à développer sa personnalité, ses talents et ses capacités en faisant référence constante à sa foi (plus ou moins vivante, en état de mutation plus ou moins fréquente).

Un chrétien a, au fond de lui, deux certitudes :

– il participe de près ou de loin, selon son engagement et l'intensité de sa foi, à la création de Dieu sur terre ;

– tout homme, quels que soient ses talents et ses défauts, est aimé de Dieu.

A partir de ces deux certitudes il adapte le registre de sa prière : création de prières individuelles, recours aux prières traditionnelles du canon, prières collectives ou communautaires, prières familiales, etc.

Le dépouillement qui singularise la religion protestante dans son esprit comme dans son rituel résulte d'une démarche intellectuelle et d'une individualisation de l'acte religieux. Le psychanalyste K.G. Jung l'explique de la façon suivante : « ... Le protestantisme, qui renverse maints remparts soigneusement érigés par l'Eglise, ne tarda pas à ressentir l'effet dissolvant et schismatique de la révélation individuelle. Dès que la barrière dogmatique fut abattue, et dès que le rite eut perdu l'autorité de son efficience, l'homme se trouva confronté avec une expérience intérieure sans la protection et le guide d'un rituel et d'un culte qui sont la quintessence incomparable de l'expérience religieuse, tant chrétienne que paienne[16]. »

[16] K.G. Jung, *Psychologie et Religion,* éd. Buchet Chastel, 1960.

La place prépondérante des Évangiles

Avant d'aller plus loin rappelons que les Evangiles sont au cœur de la prière chrétienne. Ce ne sont pas que des outils de transmission de la culture religieuse, ils éveillent aussi au mystère de Dieu qui éclaire le mystère de la vie. La référence aux textes évangéliques est souvent fondamentale dans la construction des prières chrétiennes :

Il faut devenir comme les enfants pour entrer dans le royaume des cieux (Matthieu, 18, 3).
Toute chair peut recevoir le salut de Dieu (Luc, 3, 6).
Aimez-vous les uns les autres, comme je vous ai aimés, vous devez vous aussi vous aimer les uns les autres (Jean, 13, 34).

LES GRANDS TEXTES BIBLIQUES SUPPORTS DE PRIÈRE

LA GENÈSE. « Au commencement... » sont les deux premiers mots du premier de tous les textes composant la Bible. Avec ce texte, l'un des plus connus du monde, les hommes s'interrogent déjà – et fondamentalement – sur la vie, la mort, la violence, les rapports hommes-femmes, la constitution des races et du monde, les langues, la trahison, la peur et le pardon. A noter parmi les passages clés : la mort du frère innocent, le déluge, l'éclatement de l'humanité symbolisé par la tour de Babel, la vie d'Abraham, Isaac, Jacob et ses fils, le songe de Jacob, etc.

L'EXODE. Texte fondamental dont on retiendra les passages suivants : Moïse sauvé des eaux (chap. 2), le Buisson ardent (chap. 3), le passage de la mer Rouge (chap. 4) et surtout les commandements (chap. 20). Quelques textes ont fourni des éléments de prière que les chrétiens ont repris :

« Frères saints, considérez l'apôtre et le grand prêtre de notre confession de foi, Jésus [...] Toute maison, en effet, a son constructeur et le constructeur de tout est Dieu » (Epître aux Hébreux, 3, 1).

LE LÉVITIQUE. Ce livre est considéré comme un recueil de lois et de textes sacrés offrant des réflexions à l'homme pour le conduire sur le chemin de la sainteté :

« N'aie aucune pensée de haine contre ton frère... Ne te venge pas et ne sois pas rancunier à l'égard des fils de ton peuple : c'est ainsi que tu aimeras ton prochain comme toi-même » (Lévitique, 19, 17-18).

LE LIVRE DES NOMBRES. Le peuple en marche dans le désert apprend à se construire en communauté aimante de Dieu.

LE DEUTÉRONOME reprend des discours qu'aurait prononcés Moïse à son peuple. C'est la parole d'alliance des hommes pour observer les lois du seigneur et respecter la condition humaine.

Les livres historiques de JOSUÉ, des JUGES, de SAMUEL, des ROIS sont aussi des livres prophétiques. « Comme nous avons obéi en tout à Moïse, nous t'obéirons. Quiconque sera rebelle à ta voix et n'obéira pas à tes paroles [...] sera mis à mort » (Josué, 1, 17-18).

LES LIVRES DE TOBIE ET DE JUDITH sont faciles à lire et poussent à la prière. « Fais connaître à toute nation et à toute tribu que tu es le Dieu de toute puissance et de toute force et que nul autre que toi ne veille sur la race d'Israël » (Judith, 9, 14).

LE LIVRE D'ESTHER présente la question identitaire, celle de l'exclusion et de la souffrance.

LE LIVRE DE JOB. Quarante-deux chapitres qui ne peuvent être résumés en une phrase. Un livre clé.

LES PSAUMES. Ils tiennent une place déterminante dans la Bible et pour la prière. Les cent cinquante cantiques, divisés en cinq parties, offrent une dimension céleste à l'homme.

LE LIVRE DES PROVERBES cherche à orienter habitudes, comportements et actes. C'est un livre de sagesse.

L'ECCLÉSIASTE montre l'incertitude des choses : il y a un moment pour tout et un temps pour chaque chose sous le ciel.
LE CANTIQUE DES CANTIQUES. Le plus beau des chants. Met en présence deux êtres unis par l'amour. C'est l'absolu du bonheur, la célébration de l'amour humain.
LA SAGESSE DE SALOMON.
LE LIVRE DU SIRACIDE prône la fidélité aux traditions et à la loi de Dieu.
LE LIVRE D'ISAÏE. En soixante-six chapitres touffus, on aborde un livre historique et messianique. Is., 7, 14 ; Is., 11, 1-9, par exemple, attestent de cette remarque.
LE LIVRE DE JÉRÉMIE. Ce prophète dont on n'a retenu essentiellement que le nom, est important dans une réflexion sur la prière. En effet, Jérémie allie action et méditation. C'est un livre de conversion et de vocation ; deux éléments d'espérance.
LE LIVRE DE BARUCH et la LETTRE DE JÉRÉMIE.
LE LIVRE D'EZÉCHIEL. Ezéchiel était un visionnaire. Il fit progresser la théologie en insistant sur la responsabilité de l'homme devant Dieu. « C'était comme l'aspect de l'arc qui est dans la nuée un jour de plus : telle était l'aspect de la clarté environnante. C'était l'aspect, la ressemblance de la gloire du Seigneur » (1, 28).
LE LIVRE DE DANIEL aide les croyants à résister dans l'adversité : guerre, calamité, peur...
LE LIVRE D'OSÉE. Il introduit à l'amour de Dieu pour son peuple malgré les fautes de celui-ci ; c'est un texte pour mieux comprendre le péché.
LE LIVRE DE JOËL. C'est une énigme historique. Il permet au croyant de mieux comprendre pénitence et pitié.
LE LIVRE D'AMOS. Surnommé le « premier prophète écrivain », il est méconnu ; son livre traite de l'injustice.
LE LIVRE DE JONAS. Il introduit à travers la poésie, l'humour ou l'ironie à l'amour total de Dieu.
LE LIVRE DE MICHÉE.
LES LIVRES DE NAHUM, HABAQUQ, ET SOPHONIE. Ils rappellent que les humbles ne peuvent être opprimés sans cesse.
LES LIVRES D'AGGÉE, ZACHARIE ET MALACHIE montrent aux hommes qu'il ne faut jamais se décourager ni reculer face à l'adversité.
Les deux livres des MACCABÉES.
LE NOUVEAU TESTAMENT se compose de vingt-sept écrits, dont quatre Evangiles et les Actes des Apôtres. On trouvera tout au long de ce livre des références à des passages du Nouveau Testament.

C'est volontairement que certains livres ne sont pas « détaillés » : par cette présentation nous voulions mettre l'accent sur les textes accessibles et supports de prière(s)...
L'ordre de présentation des livres est celui de la Bible catholique et orthodoxe ; il est donc différent de celui des livres de l'Ancien Testament dans la Bible protestante et de celui de la Bible juive.

Les grandes questions que peut soulever la prière individuelle

– Si Dieu existe, pourquoi permet-il la souffrance et la mort ?
– Ressusciter, qu'est-ce que cela veut dire ?
– Irai-je au Paradis ou en Enfer ?
– Comment sera la fin du monde ?

Ces questions et bien d'autres, Jésus lui-même se les posa. Il a connu à l'instar de tout autre la peur et la douleur puisque, crucifié, il a partagé jusqu'au bout la souffrance de l'homme : « Mon Dieu, pourquoi m'as-tu abandonné » va-t-il jusqu'à crier sur la croix !

Cette mise en valeur de la souffrance du Dieu incarné, condamné par les hommes, souffrant, doutant, montre combien dans la religion chrétienne il y a proximité – notamment par la prière, même si elle est cri d'appel et de douleur – entre l'homme et son Dieu. D'ailleurs, remarquons combien ce thème de la crucifixion a marqué la conscience collective du monde occidental : Roublev, Tintoret, Simone Martini, Nicolas Froment, Salvador Dali, Memling, etc. l'ont peint avec une diversité dans les sentiments qui n'a de commun que l'unité de composition scénique.

Les quatre étapes de la prière chrétienne

La tradition chrétienne considère qu'il y a quatre étapes à la prière : lecture, méditation, oraison, contemplation. Cette classification a été décrite dès le XIIe siècle par un moine chartreux : Guigue. Nous en présentons une synthèse brève mais essentielle pour mieux comprendre la prière chrétienne.

LA LECTURE. Il s'agit avant tout d'écouter Dieu et de le découvrir dans le texte fondamental : la Bible. La prière chrétienne, nous l'avons vu déjà, se rattache aux textes sacrés que le priant doit lire lentement en s'imprégnant des mots, du rythme et de l'esprit qui se dégage de la Bible. Le choix du texte relève de la liberté de chacun. Il doit être court pour pouvoir être réfléchi, compris, reformulé, pour qu'on se l'approprie.

LA MÉDITATION. Derrière ce mot se cache ce que le public recherche. Méditer, dit-on souvent, c'est rabâcher, ruminer, décortiquer, examiner à la loupe un mot, une phrase, un verset... Méditer, c'est se nourrir des mots mêmes de la prière choisie. C'est revenir sur soi-même lorsqu'on a élaboré sa propre prière, avec ses mots, ses souhaits, ses apports culturels et spirituels. Pour les chrétiens, pendant cette phase de méditation, l'Esprit-Saint œuvre.

L'ORAISON. Les mots du texte ayant été assimilés, compris, « digérés », on entre alors dans la phase de reformulation, en un texte court, clair et précis, qui peut exprimer de façon poétique ou, au contraire, faire appel à un langage plus spontané, plus simple ou plus courant. L'oraison, ce sont les paroles que l'on adresse à Dieu, c'est le moment de remerciements, de louanges, d'actions de grâce ; c'est le moment privilégié et unique de la relation directe avec Dieu.

LA CONTEMPLATION. Ce stade de la prière est le plus complexe à atteindre. Pour les chrétiens, il s'agit « d'un pur don de Dieu ». L'âme s'élève vers Dieu, ce qui est l'objectif global – nous l'avons dit – de la prière.

Au-delà de cette classification hiérarchisée, il ne faut pas oublier que pour les chrétiens la prière est toujours marquée du souffle de l'Esprit.

DEUXIÈME PARTIE

LES MULTIPLES ASPECTS DE LA PRIÈRE

Petit abécédaire de la prière

Contrairement à une opinion largement répandue, prier ne signifie pas originellement demander, et encore moins supplier. Dans l'acception théologique du terme, prier désigne, en effet, tout mouvement d'élévation de l'âme vers Dieu en vue d'une communion spirituelle avec lui. Et ce, quel que soit le vecteur utilisé pour parvenir à cette transcendance.

De ce fait, la prière peut être induite par une foule de « motivations » – désir, volonté, élan... – et s'exprimer de multiples façons – par des silences, des mots, des chants...

Tout à la fois reconnaissance de Dieu, déclaration de foi, acte d'amour, de confiance et d'espérance, et, plus largement, dialogue total avec l'être suprême, la prière arrache l'homme à sa solitude en lui donnant un plein avenir par-delà même sa finitude.

C'est pourquoi la prière peut tout dire, tout affirmer, tout demander à Dieu sans jamais cesser d'être une prière.

Fort de cette certitude, le croyant peut assumer sans complexe sa prise de parole vis-à-vis de Dieu, en privilégiant tel thème ou telle visée au gré des circonstances.

C'est d'ailleurs en ce sens que nous proposons, ci-après, toute une série de pistes propres à être exploitées par les priants, chacune d'entre elles étant illustrée par des extraits représentatifs de textes – fondateurs ou exemplaires – des différentes religions monothéistes.

Puissent ces lignes de force aider le plus grand nombre à trouver le chemin de Dieu par le biais de la prière.

A comme Amour

Pierre angulaire de toute démarche spirituelle engageant l'homme vis-à-vis de son Dieu, l'Amour – avec un grand A bien sûr – tient évidemment une place centrale dans la prière.

Parce qu'un amour vivant est un amour qui se dit et qui se partage au quotidien avec des mots, des actes et des gestes. Tout priant met donc spontanément l'accent sur l'amour qu'il porte à son Dieu et sur celui que Dieu voue à ses créatures. Cette véritable déclaration, sans cesse renouvelée, signe ainsi, de façon concrète, le dynamisme de la relation privilégiée qu'homme et Dieu entretiennent entre eux, tout en l'approfondissant toujours un peu plus.

La plupart des textes de prières – spontanés ou rédigés – en témoignent d'ailleurs avec éloquence comme cette prière de saint François d'Assise :

> *Seigneur, je vous en prie, que la force brûlante et douce de votre amour absorbe mon âme et la retire de tout ce qui est sous le ciel, afin que je meure par amour de votre amour, vous qui avez daigné mourir par amour de mon amour.*

Cet élan d'amour, si fort qu'il écarte toute crainte de la mort, peut paraître relever de la folie pour certains. Qu'à cela ne tienne, cette folie même est garante de la force du sentiment qui la porte et la nourrit, comme l'écrivait si bien le jésuite Jean-Joseph Surin (1600-1665) dans un cantique-poème intitulé *Pour se disposer à la perfection de l'Amour divin*[17] dont nous reproduisons ci-après la dernière strophe :

> *Je ne veux plus quitter la folie*
> *De ce Jésus, qui sur la Croix un jour,*
> *Pour son plaisir, perdit honneur et vie,*
> *Délaissant tout pour sauver son Amour.*
> *Ce m'est tout un que je vive ou je meure,*
> *Il me suffit que l'Amour me demeure.*

Tout de tension et d'abandon conjoints, l'amour transcendantal qui porte l'homme vers Dieu dépasse toutes les contingences et fait fi de toutes les images qui seraient par essence trop réductrices. Dès lors, et parce que l'homme est l'homme, ce pur amour s'appuie sur les réalités du monde tangible, qui constituent alors la voie royale qui mène à la divinité.

Dans cette optique, on peut ainsi reprendre à son compte ce passage du *Deutéronome* :

[17] Extrait de son ouvrage *De l'abandon intérieur.*

Seigneur, Dieu Un, Dieu unique, je t'adore comme le seul et suprême maître de l'univers ; je te vénère comme origine de mon existence, comme le but final de mon destin (Deut., 6, 4).

De la même manière, on peut s'interroger comme le fait saint Augustin dans le livre dixième de ses *Confessions* pour mieux clamer l'adoration que l'on porte à la divinité :

Ce que je sens avec certitude, Seigneur, c'est que je vous aime. Vous avez transpercé mon cœur par votre Verbe, et je vous ai aimé. Et de toutes parts, le ciel, la terre et tout ce qu'ils contiennent, me disent de vous aimer, et disent à tous les hommes de vous aimer, « afin qu'ils n'aient pas d'excuse ». Votre pitié sera encore plus grande pour celui dont vous avez déjà eu pitié, et votre miséricorde plus profonde à l'égard de celui qui en aura déjà bénéficié. Sans quoi ciel et terre ne répéteraient vos louanges qu'à des sourds.
Mais qu'est-ce que j'aime en vous aimant ? Pas la beauté des corps, ni leur grâce éphémère, pas l'éclat de la lumière – si chère à mes yeux cependant – pas les douces et subtiles harmonies des chants mélodieux, pas les senteurs enivrantes des fleurs, des parfums et des aromates, pas la manne, pas le miel et pas les membres faits pour les étreintes de la chair. Non, ce n'est rien de cela que j'aime, quand j'aime mon Dieu.
Et pourtant il est une lumière, une voix, un parfum, une nourriture, une étreinte que j'aime, quand j'aime mon Dieu : c'est la lumière, la voix, le parfum, l'étreinte de « l'homme intérieur » qui est en moi, là où resplendit pour mon âme une lumière que ne limite aucune étendue, où se déroulent des mélodies que n'emporte pas le temps, où s'exhalent des parfums qui ne se dissipent pas au souffle du vent, où l'on goûte un aliment que nulle voracité ne fait disparaître, et des étreintes que nulle satiété ne désenlace ; voilà ce que j'aime, quand j'aime mon Dieu.

Et l'on peut également méditer cet extrait du Coran, sourate III, 31 :

Dis :
Suivez-moi si vous aimez Dieu ;
Dieu vous aimera et vous pardonnera vos péchés.

B comme bonté

Vertu naturelle de Dieu, découlant directement de son amour pour ses créatures, la bonté tient une place légitime dans la prière. De fait, le croyant se plaît à la reconnaître et à la glorifier comme étant l'une des caractéristiques fondamentales de l'Etre suprême. Et ce, en dépassant les contingences quotidiennes de sa condition pour remonter à l'essence première des êtres et des choses. En s'arrachant ainsi à la réalité trompeuse qui l'entoure, reflet d'une alliance trahie par l'homme lui-même, le priant renoue-t-il avec ses origines et devient-il à même de témoigner encore plus pleinement de la bonté de Dieu ?

L'une des prières chrétiennes les plus classiques – autrefois dénommée acte de charité – exprime clairement cet élan clairvoyant qui mêle de façon tout à fait naturelle l'amour et la bonté :

Mon Dieu, je vous aime de tout mon cœur et plus que tout, parce que vous êtes infiniment bon, et j'aime mon prochain comme moi-même pour l'amour de vous.

On peut également se laisser conduire par le poète arabe Mouhammad Al Warraq dont la *Prière* sobre et vraie témoigne avec éloquence de la bonté de Dieu. Cet hymne à l'inépuisable générosité d'un Dieu aimant constitue, en effet, un bel exemple de foi joyeuse :

O Dieu, je t'adresse des louanges
que Tu mérites
pour des grâces que Tu m'as accordées
et que je ne méritais guère.

Plus je vois qu'il est impossible
que je puisse Te remercier dignement,
plus Tu augmentes pour moi
tes bienfaits,
comme si ma faiblesse
me rendait plus digne de tes dons[18].

[18] Marie Maglione, *op. cit.*

On peut encore clamer sa confiance avec l'invocation hébraïque dite « du jour de la Réconciliation » :

O Roi des rois, ton trône est miséricorde, tes œuvres sont des bienfaits, tes paroles sont le pardon, ta voix est la clémence, tout ce qui vit et qui respire prouve ta bonté...

Ou reprendre la *Prière permanente* des Luthériens qui traduit si bien la « complicité » qui existe entre le croyant et son Créateur :

Voici, mon Dieu, je parle de Toi quand je m'éveille. Je crie vers Toi durant le jour et Tu me réponds. Mon âme se tient attachée à Toi tout le jour, je ne me tais point pendant la nuit non plus et Tu m'exauces[19]*...*

Si la bonté de Dieu est sans limites, le croyant s'inquiète naturellement de tous les actes qui lui font affront. Prise de conscience qui ne va pas sans une double souffrance : souffrance du pécheur qui n'a pas respecté les termes de l'Alliance, d'une part, et souffrance de Dieu qui, ayant laissé toute liberté à sa créature, la voit s'éloigner de Lui de par son attitude même.

L'acte de contrition chrétien est d'ailleurs clair sur ce point, qui place le croyant par rapport à son Dieu et non pas seulement par rapport à une quelconque règle éthique :

Mon Dieu, j'ai un très grand regret de vous avoir offensé parce que vous êtes infiniment bon, et que le péché vous déplaît ; je prends la ferme résolution, avec le secours de votre sainte grâce, de ne plus vous offenser et de faire pénitence. (Rituel catholique romain)

C comme contrition

Croire en Dieu et l'aimer, c'est – dans la plupart des religions – prendre la divinité comme modèle pour se hisser jusqu'à sa perfection. Mais cette visée suprême ne va pas, pour le croyant, sans une prise de conscience de ses propres errements et, partant, sans l'aveu sincère de ses manquements à la loi

[19] J. Driancourt-Girod, *Ainsi priaient les Luthériens, La Vie religieuse, la pratique et la foi des Luthériens de Paris au XVIII*e *siècle.*

contractuelle qui signe justement son union avec Dieu. Loin de réduire à néant le mouvement engagé vers la divinité, ce constat de non-fidélité sert, au contraire, de tremplin à des élans plus fermes et des résolutions plus fortes (ce que Paul Claudel formulait de très belle façon dans l'une des plus célèbres répliques du *Soulier de Satin* : « Le péché aussi sert »), à condition que le croyant fasse preuve de contrition. Une attitude que le concile de Trente explicitait comme étant « une douleur et une détestation des péchés commis, jointes à la volonté de n'en plus commettre » et que le dictionnaire *Le Robert* définit plus prosaïquement comme « une douleur vive et sincère d'avoir offensé Dieu, provoquée non par la crainte du châtiment (contrition imparfaite), mais par un sentiment d'amour ». En l'occurrence et à l'inverse du remords ou du regret, qui ressortent d'une attitude morale ou affective proprement « humaine », la contrition est un acte spirituel par essence transcendantal qui trouve naturellement son expression dans la prière.

Avec le *Confiteor*, la religion chrétienne offre ainsi l'une des plus belles prières qui soient, puisqu'elle permet au croyant de reconnaître explicitement et publiquement son égarement. Grâce à quoi le pécheur peut affirmer la double responsabilité de sa faute et de sa demande de miséricorde.

Apparu aux alentours du VIIIe siècle dans une formulation beaucoup plus brève que celle que nous reproduisons ci-dessous, le *Confiteor* n'a trouvé sa véritable forme qu'à partir du XIIIe siècle. Mais il faudra néanmoins attendre une centaine d'années encore pour que le pape Pie V en arrête la version définitive, en 1570.

Je confesse à Dieu tout-puissant, à la bienheureuse Marie toujours vierge, à saint Michel Archange, à saint Jean Baptiste, aux saints Apôtres Pierre et Paul, à tous les saints et à vous, mon Père, que j'ai beaucoup péché, par pensée, par paroles et par actions.
C'est ma faute, c'est ma faute, c'est ma très grande faute.
C'est pourquoi je supplie la bienheureuse Marie toujours vierge, saint Michel Archange, saint Jean Baptiste, les saints Apôtres Pierre et Paul, tous les saints et vous, mon Père, de prier pour moi le Seigneur notre Dieu.
Que le Dieu tout-puissant nous fasse miséricorde ; qu'il nous pardonne nos péchés et nous conduise à la vie éternelle. Amen.
Que le Seigneur tout-puissant et miséricordieux nous accorde l'indulgence, l'absolution et la rémission de nos péchés. Amen.

La foi profonde de sainte Anne et de sa fille Marie se reflète dans la tendresse avec laquelle la mère apprend à son enfant à prier et la concentration avec laquelle cette dernière écoute et apprend (sainte Anne et la Vierge, musée de Rouen © John Pole/Alpha Oméga)

Marquée dans son corps par les stigmates des souffrances du Christ, sainte Rita n'en est que plus recueillie lorsqu'elle s'adresse à Dieu dans ses prières (sainte Rita, église Sainte-Trinité de Paris © John Pole/Alpha Oméga)

La ferveur de la sainte est des plus perceptibles dans cette image qui la présente humble et priante, le regard plein de confiance, de pitié et d'amour pour le rédempteur (sainte Catherine de Sienne, musée de Picardie © John Pole/Alpha Oméga)

L'humilité confiante et le profond recueillement de la sainte en prière s'expriment par une savante complémentarité entre la stature verticale de son corps et les lignes descendantes de son visage aux yeux clos, de ses bras tendus vers le sol et de ses mains superposées dans un geste de bénédiction et d'accueil (détail du martyre de sainte Eugénie, musée de Varzy © John Pole/Alpha Oméga)

De même, certains textes bibliques – comme l'extrait du *Deutéronome* reproduit ci-après – évoquent ce double mouvement de confession et de contrition, assorti d'une demande de pardon et de réconciliation propres à inspirer les priants :

> *Pardonne-nous les péchés que nous aurions dû expier [...] ous les péchés que nous savons avoir faits, nous les avons confessés devant toi ; et ceux que nous ignorons, tu les connais, Eternel, notre Dieu, mais ce que tu nous as révélé nous appartient à nous et à nos enfants, pour l'éternité, afin que nous mettions en pratique tous les articles de la loi.*

Le Coran, quant à lui, insiste en permanence sur la miséricorde divine accordée aux pécheurs repentis. Nombreux sont, en effet, les passages à l'affirmer clairement :

> *Demandez pardon à Dieu :*
> *Dieu est celui qui pardonne, il est miséricordieux* (II, 199).

ou

> *Obéissez à Dieu et au Prophète*
> *[...] Hâtez-vous vers le pardon de votre Seigneur* (III, 133).

D comme défunts

Les prières pour les défunts font partie intégrante de toutes les liturgies religieuses comme de toutes les invocations personnelles. Pour le croyant, en effet, la mort humaine n'est pas vécue comme une fin en soi, mais comme la rencontre pleine et entière avec Dieu. Et cette foi en la vie éternelle dépasse la seule pérennité de l'individu, le triomphe du Dieu vivant s'exprimant à travers le rassemblement de toutes ses créatures.

La liturgie catholique propose ainsi une prière dite *Memento des défunts* qui trouve naturellement sa place dans l'ordinaire de la messe :

> *Souviens-toi aussi, Seigneur, de tous ceux qui sont partis avant nous, marqués du signe de la foi, et qui dorment du sommeil de la paix. A ceux-là, Seigneur, ainsi qu'à tous ceux qui reposent dans le Christ, accorde, nous t'en supplions, le bonheur, la lumière et la paix. Par le Christ notre Seigneur. Amen.*

Le Psaume 129, plus connu sous le titre de *De Profundis*, constitue également l'une des prières clés prononcée à l'intention des défunts :

Du fond de l'abîme, je crie vers toi, Seigneur, écoute mon appel.
Que ton oreille soit attentive à ma prière.
Si tu tiens le compte de nos fautes, Seigneur, qui donc subsistera ?
Mais tu aimes à pardonner ; aussi, fort de ta loi, j'attends ton secours.
Mon âme attend le Seigneur ; je suis sûr de sa parole.
Car le Seigneur est plein de miséricorde et il rachètera Israël de toutes ses fautes.

Après quoi l'officiant prononce les paroles rituelles : « Seigneur, donne-leur le repos éternel. Qu'ils reposent en paix », tandis que les fidèles s'associent à sa prière en disant : « Que la lumière sans fin brille pour eux ».

L'invocation s'achève sur une oraison :

O Dieu, Créateur et Rédempteur, accorde aux âmes de tes serviteurs et de tes servantes la rémission de tous leurs péchés, afin qu'elles obtiennent, par nos très humbles prières, le pardon qu'elles ont toujours attendu de votre miséricorde. Vous qui vivez et régnez dans les siècles des siècles. Amen.

E comme espérance

Indissociable de la foi qu'elle prolonge de façon éminemment dynamique, l'espérance n'est rien d'autre que l'attente confiante de la réalisation des promesses exprimées par la croyance.

L'acte d'espérance chrétien affirme clairement ce double élan de foi et de confiance (nous reproduisons ci-après la formulation qui prévalait dans les années cinquante) :

Mon Dieu, j'espère avec une ferme confiance que vous me donnerez, par les mérites de Jésus-Christ, votre grâce en ce monde et le bonheur éternel dans l'autre, parce que vous l'avez promis et que vous tenez toujours vos promesses.

Même accent de certitude et de confiance dans cette supplication islamiste qui mêle intimement la foi à l'espérance :

O Dieu, conduis-moi parmi ceux auxquels tu as montré le droit chemin, et sauve-moi des calamités de ce monde et de l'autre, et compte-moi parmi ceux que tu aimes et que tu as traités en amis. Multiplie sur moi tes bienfaits et préserve-moi du mal : car, en vérité, tu ordonnes selon ta volonté et ne reçois d'ordre de personne. En vérité, aucun de ceux auxquels tu as donné ton amitié n'a été ruiné et aucun de ceux qui sont tes ennemis n'a eu d'honneurs[20].

La Bible est également fertile en prières, hymnes et autres invocations d'espérance. Ainsi du psaume 142 (dont nous proposons un extrait significatif ci-après) qui n'a rien perdu de son actualité :

De ma voix je crie à l'Eternel,
De ma voix j'implore l'Eternel.
Je répands ma plainte devant lui,
Je lui raconte ma détresse.
[...]
Eternel ! C'est à toi que je crie.
Je dis : Tu es mon refuge et mon espérance,
Mon partage sur la terre des vivants.
Sois attentif à mes cris !
Car je suis bien malheureux...

Le *Magnificat* chrétien constitue, enfin, un bel exemple de prière d'espérance puisque chacun de ses mots renvoie à l'Alliance sacrée passée entre Dieu et les hommes pour les siècles des siècles :

Mon âme exalte le Seigneur,
mon esprit exulte en Dieu mon Sauveur.
Il s'est penché sur son humble servante ;
désormais tous les âges me diront bienheureuse.
Le Puissant fit pour moi des merveilles ; Saint est son Nom !
Son amour s'étend d'âge en âge sur ceux qui le craignent.
Déployant la force de son bras,
il disperse les superbes.
Il renverse les puissants de leurs trônes,
il élève les humbles.
Il comble de biens les affamés,
renvoie les riches les mains vides.
Il relève Israël son serviteur, il se souvient de son amour,
de la promesse faite à nos pères,
en faveur d'Abraham et de sa race à jamais.

[20] Marie Maglione, *op. cit.*

F comme foi

Témoigner de sa foi pour un croyant, c'est clamer haut et fort le crédit qu'il porte au Dieu qu'il vénère. Mieux encore : c'est s'engager de façon active et permanente au côté de la divinité par un serment sans cesse renouvelé qui constitue le fondement même de l'alliance voulue et consentie avec elle. Rien d'étonnant, donc, à ce que l'un des thèmes récurrents de la prière soit l'affirmation de cette croyance qui se traduit simultanément par une reconnaissance du Dieu aimé et nommé, et une adhésion pleine et entière aux termes de sa Loi.

Toutes les liturgies et tous les rituels des grandes religions monothéistes accordent ainsi une importance primordiale aux prières-déclarations de foi dans lesquelles Dieu, par essence invisible, est saisi à travers son pouvoir créateur : l'homme, le monde, l'amour, la puissance, l'éternité, etc.

L'acte de foi chrétien est, sur ce point, exemplaire :

Mon Dieu, je crois fermement toutes les vérités que vous avez révélées, et que vous nous enseignez par votre Eglise, parce que vous ne pouvez ni vous tromper ni nous tromper.

Plus rituel est, en revanche, le *Credo* du concile de Nicée-Constantinople, né de la première grande querelle théologique qui suivit les vagues de persécutions qui marquèrent l'essor de la chrétienté durant les trois premiers siècles de notre ère. La « dispute » Arius-Athanase fut, en effet, à l'origine de la réunion du concile de Nicée (325) par l'empereur Constantin. Pour les évêques, il s'agit alors de trancher entre les deux thèses en présence : celle d'Arius, qui niait obstinément la divinité du Christ, et celle d'Athanase, qui clamait haut et fort le contraire. Bien qu'exilé en Occident par son rival, le second verra finalement triompher son point de vue, soutenu en cela par les pères de l'Eglise qui rédigèrent alors la première mouture du *Je crois en Dieu*. Un deuxième concile (Constantinople, 381) fut toutefois nécessaire pour vider définitivement la querelle qui s'était déportée sur la divinité de l'Esprit-Saint, et aboutir au *Credo* définitif qui fait, depuis, partie intégrante de la liturgie :

Je crois en un seul Dieu,
le Père tout-puissant, créateur du ciel et de la terre, de l'univers visible et invisible.
Je crois en un seul Seigneur, Jésus-Christ, le fils unique de Dieu, né du Père avant tous les siècles ;
il est Dieu, né de Dieu, lumière, née de la lumière, vrai Dieu, né du vrai Dieu,
engendré, non pas créé, de même nature que le Père ; et par lui tout a été fait.
Pour nous les hommes, et pour notre salut, il descendit du ciel ;
par l'Esprit-Saint, il a pris chair de la Vierge Marie, et s'est fait homme.
Crucifié pour nous sous Ponce Pilate, il souffrit sa passion et fut mis au tombeau.
Il ressuscita le troisième jour, conformément aux Ecritures, et il monta au ciel ; il est assis à la droite du Père.
Il reviendra dans la gloire, pour juger les vivants et les morts ; et son règne n'aura pas de fin.
Je crois en l'Esprit-Saint, qui est Seigneur et qui donne la vie ; il procède du Père et du Fils ;
avec le Père et le Fils, il reçoit même adoration et même gloire ; il a parlé par les prophètes.
Je crois en l'Eglise, une, sainte, catholique et apostolique.
Je reconnais un seul baptême pour le pardon des péchés.
J'attends la résurrection des morts et la vie du monde à venir.
Amen.

On comparera utilement cette déclaration de foi à celle exprimée par les musulmans :

Je crois en Allah et ses anges,
ses livres et ses envoyés,
le jour du jugement,
la résurrection après la mort,
la prédestination de la part d'Allah,
qu'elle soit bonne ou mauvaise,
le jugement, la balance, le paradis et le feu de l'enfer.
Tout cela est vérité.

G comme grâce

En dehors de sa définition spécifiquement chrétienne – « aide surnaturelle qui rend l'homme capable d'accomplir la volonté de Dieu et de parvenir au salut[21] » – le mot grâce peut indifféremment et plus largement désigner les faveurs octroyées par la divinité et la reconnaissance de l'homme pour les bienfaits accordés. Cette précision permet de mieux comprendre les différents textes de prières proposés ci-après et, partant, de mieux y adhérer en fonction de ses convictions propres.

Quoi qu'il en soit cependant de ces distinctions d'ordre sémantique, il apparaît clairement que la plupart des religions partagent cette même sublimation transcendantale du thème de la grâce, très souvent présent dans les textes de prières rituels, psaumes et autres hymnes.

Le très beau Cantique de Zacharie reproduit dans l'Evangile selon saint Luc ne fait pas exception à la règle, qui mêle de la façon la plus intime et la plus forte qui soit toutes les composantes de l'alliance du peuple d'Israël avec son Dieu, puisque les notions de délivrance et de salut renvoient indifféremment à une libération physique et spirituelle :

Béni soit le Seigneur, le Dieu d'Israël,
de ce qu'il a visité et délivré son peuple,
et nous a suscité une puissance de salut
dans la maison de David, son serviteur,
ainsi qu'il l'avait annoncé
par la bouche de ses saints prophètes des temps anciens,
pour nous sauver de nos ennemis
et de la main de ceux qui nous haïssent.
Ainsi fait-il miséricorde à nos pères,
ainsi se souvient-il de son alliance sainte,
du serment qu'il a juré
à Abraham, notre père,
de nous accorder que, sans crainte,
délivrés de la main de nos ennemis,
nous le servions en sainteté et justice
sous son regard, tout au long de nos jours.

[21] Définition donnée par le dictionnaire *Le Robert*.

Et toi, petit enfant,
tu seras appelé prophète du Très-Haut ;
car tu précéderas le Seigneur,
pour lui préparer les voies,
pour donner à son peuple la connaissance du salut par la rémission des péchés :
œuvre de la miséricordieuse tendresse de notre Dieu,
qui nous amènera d'en haut la visite du Soleil levant,
afin d'illuminer ceux qui se tiennent
dans les ténèbres et l'ombre de la mort,
afin de guider nos pas
dans le chemin de la paix.

De même, Isaïe :

[...] O mon Dieu, tu nous as donné cette Loi en signe suprême de ton amour ; comme un père, tu as instruit tes enfants, leur indiquant la voie qui mène au salut et au bonheur. Mon cœur reconnaissant s'élance vers toi, ô mon Père, pour te rendre grâce [...]

A l'aube de la chrétienté, les Esséniens – communauté monastique aux règles extrêmement strictes, regroupant quelques quatre mille membres au temps de Jésus-Christ – priaient de la façon suivante :

Je te rends grâce, ô mon Dieu !
Car tu as agi merveilleusement à l'égard de la poussière
et, dans la créature d'argile, tu as manifesté ta puissance grandement, immensément !
Et moi, que suis-je, que tu m'aies instruit de ton secret de vérité
et que tu m'aies donné l'intelligence de tes œuvres merveilleuses ?
Et tu as mis sur ma bouche des actions de grâces
et sur ma langue un chant de louange...

Et les premiers chrétiens rendaient grâce en ces termes[22] :

[22] Cité par A. Hamman, *Prières des premiers chrétiens*, éd. Fayard.

[...]
Saint, Saint, Saint est le Seigneur,
Le Dieu tout-puissant,
Celui qui était – qui est – et qui vient.

Tu es digne, ô notre Seigneur et notre Dieu,
de recevoir gloire, honneur et puissance ;
car c'est toi qui as créé l'univers ;
par ta volonté il existe, et a été créé.

Il est digne l'Agneau qui a été égorgé
de recevoir puissance, richesse, sagesse, force,
honneur, gloire et louange !

Il n'y a pas encore si longtemps, les catholiques faisaient lecture du Psaume 150 pour rendre grâce, après la liturgie de la messe :

Louez le Seigneur dans son sanctuaire ; louez-le dans le lieu de sa puissance.
Louez-le pour ses hauts faits ; louez-le pour sa grandeur infinie.
Louez-le au son de la trompette, sur le luth et sur la harpe ;
Louez-le avec le tambourin et dans vos danses ; louez-le avec les instruments à cordes et le chalumeau.
Louez-le avec les cymbales retentissantes, louez-le avec les cymbales d'allégresse.
Que tout ce qui respire loue le Seigneur.

Et les protestants installés dans le Paris du XVIIIe siècle, regroupés autour des chapelles d'ambassades de pays alliés comme la Suède et le Danemark, priaient avec les mots suivants :

Je te rends grâce, ô Dieu, de ce que moyennant Ta protection Divine, Tu as bien voulu me préserver aujourd'hui de toutes sortes de maux et de dangers. [...] Garde-nous des pièges de l'Ennemi, délivre-nous du filet du Chasseur qui cherche nos âmes, pour ne pas y tomber. Car il n'y a que Toi qui sauves[23]*...*

[23] J. Driancourt-Girod, *op. cit.*

Quant aux juifs, ils clament la grandeur de Dieu en ces termes lors de la fête de Soukkoth :

Sois béni, ô notre Dieu, Roi de l'univers, qui nous a sanctifiés avec tes commandements et nous a ordonné de nous présenter aujourd'hui devant toi avec la palme. Que l'Eternel, notre Dieu, Roi de l'univers, qui nous a gardés en vie, protégés et fait arriver jusqu'à ce jour, soit loué.

Autant d'élans spirituels qui se rejoignent dans leur visée et peuvent indifféremment inspirer les croyants soucieux de rendre témoignage des bienfaits prodigués par Dieu.

H comme humilité

Faire allégeance à Dieu, c'est reconnaître sa grandeur et, partant, faire preuve d'humilité à son égard. Nulle question de servitude cependant ; bien au contraire même, car, dans cette prise de conscience de la transcendance divine, le croyant se met en perspective non plus seulement par rapport au monde qui l'entoure, mais par rapport à ce qui le dépasse de toutes parts. Et cette transcendance à tout jamais rétive à son intelligence comme à ses capacités conceptuelles, relativise d'un coup la vision qu'il avait jusque-là de lui-même, des autres et des choses.

Loin d'être dramatique, inconfortable ou angoissante, cette situation nouvelle engendrée par la foi est, au contraire, génératrice de paix et d'espérance dès lors que l'homme acquiert la certitude qu'il n'est pas le laissé-pour-compte de la création, mais bien l'élu de Dieu, objet de son amour, habité par Lui et aspiré, parfois même à son corps défendant.

Aller vers Dieu, c'est donc choisir la voie de l'humilité pour mieux accueillir la divinité en soi, jusqu'à se laisser envahir pour mieux participer à son essence même. En d'autres termes, servir Dieu n'est pas synonyme de réduction mais d'adhésion pleine et entière à Celui qui légitime ce don suprême.

Ce qu'exprime de façon très claire et très émouvante Hilaire de Poitiers, à la fin du premier livre de son *Traité de la Trinité* :

Nous sommes en effet sots et gourds par nature et notre intelligence défaillante nous enferme dans une ignorance totale à ton égard, ô Dieu, ignorance qui nous empêche de te comprendre. Heureusement, l'étude de ta parole fait germer en nous un savoir divin et l'obéissance de la foi nous entraîne au-delà des bornes naturelles de la connaissance.

Même écho chez le mystique islamiste Al-Djounayd (xe siècle) dont les premiers mots de la *Prière du mendiant*[24] s'attachent à décrire l'humilité foncière de l'homme vis-à-vis de Dieu. Paroles dont chacun peut s'inspirer dans sa démarche personnelle :

O Dieu, notre Dieu,
je me présente devant Toi comme un mendiant,
ô le meilleur de ceux qui écoutent les prières des solliciteurs.

La prise de conscience de l'imperfection humaine face à la perfection divine laisse entrevoir l'abîme qui sépare le croyant de son Créateur. Mais l'humilité qu'elle génère n'est pas vaine, puisqu'elle permet au croyant qui reconnaît sa faiblesse de confesser ses errements et de tendre concurremment la main pour être aspiré par la grâce et la transcendance.

Le *Confiteor* chrétien (dans sa version nouvelle, issue des travaux du concile Vatican II) en constitue un magnifique exemple :

Je confesse à Dieu tout-puissant,
Je reconnais devant mes frères
que j'ai péché
en pensée, en parole,
par action et par omission ;
oui, j'ai vraiment péché.
C'est pourquoi je supplie la Vierge Marie,
les anges et tous les saints,
et vous aussi mes frères,
de prier pour moi le Seigneur notre Dieu.

Que Dieu tout-puissant nous fasse miséricorde ;
qu'il nous pardonne nos péchés
et nous conduise à la vie éternelle. Amen.

[24] Citée par François Bourdeau dans *Les quatre saisons, Prières pour chaque jour de l'année (Eté).*

Appeler Dieu à la rescousse constitue donc un acte clé de la vie spirituelle, quelle que soit la croyance à laquelle on fasse référence.

Plus rationnelle dans sa démarche, mais tout aussi fervente dans son intention est la fameuse prière de Fénelon[25] dans laquelle l'archevêque de Cambrai témoigne vivement de sa foi en opposant la grandeur et la toute puissance de Dieu à ses limites d'homme et à sa propre faiblesse. Nombreux sont les croyants qui pourront y trouver écho à leurs états d'âme et à leurs réflexions :

> *O mon Dieu, que vous êtes grand ! Peu de pensées atteignent jusqu'à vous ; et quand on commence à vous concevoir, on ne peut vous exprimer, les termes manquent : les plus simples sont les meilleurs ; les plus figurés et les plus multipliés sont les plus impropres. Si on a la sobriété de la sagesse, après avoir dit qui vous êtes on n'ose plus rien ajouter.*
> *Plus on vous contemple, plus on aime à se taire, en considérant ce que c'est que cet être qui n'est qu'être, qui est le plus être de tous les êtres, et qui est si souverainement être, qu'il fait lui seul comme il lui plaît être tout ce qui est. En vous voyant, ô simple et infinie vérité, je deviens muet : mais je deviens, si je l'ose dire, semblable à vous ; ma vue devient simple et indivisible comme vous.*
> *Ce n'est point en parcourant la multitude de vos perfections, que je vous conçois bien ; au contraire, en les multipliant pour les considérer par divers rapports et diverses faces, je vous affaiblis, je vous diminue ; je me diminue, je m'affaiblis, je me confonds : cet amas de parcelles divines n'est plus parfaitement mon Dieu ; ces infinis partagés et distingués ne sont plus ce simple infini qui est le seul infini véritable.*
> *O que j'aime bien mieux vous voir tout réussi en vous-même d'un seul regard ! Je vois l'être, et j'ai tout vu ; j'ai puisé dans la source ; je vous ai presque vu face à face. C'est vous-même ; car qu'êtes-vous, sinon l'être ? Et qu'y pourrait-on ajouter qui fut au-delà ?*

[25] Voir *Traité de l'existence de Dieu.*

Hélas ! comment cela se peut-il faire ? Moi qui suis celui qui n'est point, ou, tout au plus, qui est un je ne sais quoi qu'on ne peut trouver ni nommer, et qui dans le moment n'est déjà plus ; moi, néant ; moi, ombre de l'être, je vois Celui qui est ; et en le nommant Celui qui est, j'ai tout dit ; je ne crains point d'en dire trop peu. Dès lors il n'est plus resserré dans les temps ni dans les espaces. Des mondes infinis tels que je puis me les figurer ; des siècles infinis imaginés de même, ne sont rien en présence de Celui qui est. Il m'étonne, et j'en suis ravi ; je succombe en le voyant, et c'est ma joie ; je bégaie, et c'est tant mieux de ce qu'il ne me reste plus aucune parole pour dire, ni ce qu'il est, ni ce que je ne suis pas, ni ce qu'il fait en moi, ni ce que je conçois de lui.

Mais, ô mon Dieu ! craindrai-je que vous ne m'entendiez pas, ou que vous soyiez absent de moi, parce que j'ai reconnu qu'il est indigne de vous, de vous attribuer une présence substantielle en chaque partie de l'univers ?

Non, non, mon Dieu, je ne le crains point ; je vous entends, et vous m'entendez mieux que toutes vos créatures ne m'entendront : vous êtes plus que présent ici : vous êtes au-dedans de moi plus que moi-même : je ne suis dans le lieu même où je suis que d'une manière finie : vous êtes infiniment, et votre action infinie est sur moi : vous n'êtes borné nulle part, et je vous trouve partout : vous y êtes avant que j'y sois ; et je n'y vais qu'à cause que vous me portez : je vous laisse au lieu que je quitte ; je vous trouve partout où je passe ; vous m'attendez au lieu où j'arrive. Voilà, ô mon Dieu ! ce que ma tendresse grossière me fait dire, ou plutôt bégayer.

Quand sera-ce que je verrai ce qui est, pour n'avoir plus d'autre vie que cette vue fixe ? Quand serai-je, par ce regard simple et permanent, une même chose avec lui ? Quand est-ce que tout moi-même sera réduit à cette seule parole immuable : il est, il est, il est ? Si j'ajoute, il sera au siècle des siècles, c'est pour parler selon ma faiblesse, et non pour mieux exprimer sa perfection.

Les tenants du judaïsme n'expriment rien d'autre, enfin, lorsqu'ils proclament :

... Que pouvons-nous dire devant toi, ô Eternel, Dieu de nos pères ? Devant toi, en présence de qui les héros ne sont rien, les hommes les plus célèbres comme s'ils n'existaient pas, les sages comme des hommes privés de raison, les plus intelligents comme des hommes sans esprit. De fait, la majeure partie des actions des hommes n'est que vanité et leurs jours ne sont qu'une fumée devant toi, et l'homme n'a aucune supériorité sur la brute, car tout n'est que vanité[26]*...*

Et les islamistes citent l'une des affirmations les plus claires du Coran (sourate III, 19)

La Religion, aux yeux de Dieu,
est vraiment la Soumission[27].

I comme intermédiaires

Considérés comme des intermédiaires privilégiés entre Dieu et les hommes, « porteurs de prière et de louange » mais aussi véritables messagers de la parole du Seigneur, les anges tiennent une place singulière dans les trois grandes religions monothéistes. Avant la naissance du christianisme, déjà, la pensée juive accordait une importance sans cesse plus prépondérante aux êtres angéliques. Quant aux catholiques, musulmans et orthodoxes, ils admettent, eux aussi, la croyance des anges, même si les deux dernières religions s'abstiennent de les représenter. Enfin, les religions orientales reconnaissent l'existence d'êtres supérieurs, mi-spirituels, mi-humains.

La Bible mentionne clairement les anges dès les premiers textes, puisque Satan y apparaît comme l'ange révolté contre Dieu. De même le Coran :

Lorsque nous avons dit aux anges
« Prosternez-vous devant Adam ! »
ils se prosternèrent,
sauf Iblis qui refusa
et qui s'enorgueillit [...]

[26] Marie Maglione, *op. cit.*

[27] Traduction D. Masson.

La tradition chrétienne fait, elle aussi, grand cas des anges qui, à l'exception des déchus par orgueil (comme Satan), apparaissent toujours comme des figures d'espérance. Dans la religion catholique, n'est-ce pas justement un ange qui est chargé d'annoncer à Marie qu'elle porte en son sein « le Fils de Dieu » ?

En ce temps-là, l'ange Gabriel fut envoyé de Dieu en une ville de Galilée appelée Nazareth, à une vierge qu'un homme de la maison de David avait épousée...

Et au moment de la Nativité, des anges encore sont là pour guider les bergers vers la crèche.

Et que dire encore de la grande tradition chrétienne des anges gardiens, protecteurs invisibles de chaque homme tout au long de sa vie ? Mention en est faite notamment aux premières Vêpres, à Magnificat.

Ce sont tous des esprits qui tiennent lieu de ministres, étant envoyés pour exercer leur ministère en faveur de ceux qui reçoivent l'héritage du salut.

Lors de la messe (dans le graduel), la mission des saints anges gardiens est également définie de la façon la plus claire qui soit :

Le Seigneur a ordonné à ses anges de vous garder dans toutes vos voies. Ils vous porteront dans leurs mains de peur que votre pied ne se heurte contre la pierre. Alléluia, alléluia. Vertus célestes, fidèles ministres des volontés du Seigneur, bénissez-le tous. Alléluia.

On ne saurait enfin achever cette brève évocation sans rappeler combien les anges, archanges et autres chérubins firent l'objet de représentations esthétiques dans les peintures religieuses de l'Europe chrétienne. Parmi les plus célèbres et les plus belles, citons notamment :

– *Le Christ mort soutenu par un ange* de Barocci ;
– *L'Annonciation* par le Pérugin ;
– *La Crucifixion du Christ* par Giotto ;
– *Le Jugement dernier* par J. Prévost ;
– *L'Agneau mystique* de Van Eyck ;
– *La Trompette des anges*, miniature du *Commentaire de l'Apocalypse de Beatus*, manuscrit de l'abbaye de Saint-Sever.

Personnages récurrents des trois grandes religions monothéistes, les anges ont failli succomber sous le poids des représentations naïves – et donc éminemment réductrices – qu'on en a faites. Or, on assiste depuis peu à une résurgence d'intérêt pour eux qui dépasse – et de loin – un pur élan de curiosité. S'agirait-il d'une simple mode ? Pas si sûr, car il semble que les interrogations spirituelles du monde actuel – qui sont à l'origine d'une nouvelle réflexion sur la nature, la vocation et la nécessité de la prière – aient redonné une place prépondérante aux anges et à leur fonction première d'intercesseurs privilégiés. Il est donc bien question, ici, de transcendance.

J comme Jésus-Christ

Modèle exemplaire pour tous les chrétiens, Jésus-Christ, le Dieu fait homme, est en soi une pure prière. Toute son existence est, en effet, marquée par l'amour, la confiance et la soumission à la volonté du Père. Pas un geste, pas un mot, pas une pensée qui ne lui soit dédié à travers son parcours terrestre. C'est pourquoi les prières que lui-même prononça constituent un véritable trésor, dès lors que ceux qui les reprennent à travers les âges y investissent toutes leurs capacités de foi, d'espérance et d'amour.

Le *Notre Père*, enseigné par le Christ à ses apôtres – dont nous proposons ci-après la version de l'Evangile selon saint Matthieu – tient bien évidemment une place singulière puisqu'elle est prière de Dieu conçue spécialement pour les hommes :

Notre père qui es dans les cieux,
que ton Nom soit sanctifié,
que ton Règne arrive,
que ta Volonté soit faite
sur la terre comme au ciel.
Donne-nous aujourd'hui notre pain quotidien.
Remets-nous nos dettes
comme nous-mêmes avons remis à nos débiteurs.
Et ne nous soumets pas à la tentation,
mais délivre-nous du Mauvais.
Oui, si vous pardonnez aux hommes leurs manquements,
votre Père céleste vous pardonnera aussi ;
mais si vous ne pardonnez pas aux hommes,
votre Père non plus ne vous pardonnera pas vos manquements.

Mais il est d'autres paroles du Christ qui sont autant de prières, à commencer par les *Béatitudes* qui résument, à elles seules, toute la richesse et toute l'originalité du christianisme :

Heureux les pauvres en esprit, le royaume des cieux leur appartient.
Heureux les doux, ils recevront la terre en partage.
Heureux ceux qui pleurent : ils seront consolés.
Heureux ceux qui sont assoiffés de justice : ils seront comblés.
Heureux ceux qui pardonnent : ils seront pardonnés.
Heureux les cœurs purs : ils verront Dieu.
Heureux ceux qui sont poursuivis pour leur amour de la justice : ils entreront au royaume des cieux.
Heureux ceux qui sont persécutés à cause de moi : ils seront récompensés.

On méditera également les paroles de pleine soumission que Jésus adressa à son Père, dans le Jardin des Oliviers, peu avant son arrestation :

Mon Père, si cette coupe ne peut passer sans que je la boive, que ta volonté soit faite.

Et de s'associer au grand élan de pardon, de confiance et d'abandon exprimé par le Christ à l'heure de sa mort :

Mon Père, pardonne-leur : ils ne savent pas ce qu'ils font.

et

Père, je remets mon esprit entre tes mains.

M comme miséricorde

Pour les croyants, tout éloignement de Dieu, tout manquement à sa Loi sont vécus comme une « faute ». Or qui dit faute, dit regret ; et qui dit regret dit espoir de pardon. Espoir-certitude, au demeurant, puisque Dieu ne reste jamais insensible à la prière du repenti.

C'est ainsi que le chrétien peut emprunter les paroles mêmes de David qui, dans le Psaume 50, s'en remet totalement à l'amour et à la bonté de Dieu :

[...] Ne regarde plus mes péchés
Efface mes fautes ;
Recrée-moi un cœur pur, ô mon Dieu,
Refais-moi un esprit inébranlable.

Ne m'écarte pas de ta présence,
Ne me reprends pas ton esprit saint ;
Rends-moi la joie d'être sauvé,
Que l'esprit généreux me soutienne ! [...]

Ou que l'islamiste peut prier avec Ibn'Atâ d'Alexandrie (début du XIVe siècle) dont la foi vigoureuse s'exprime dans un style d'une sobre noblesse :

Mon Dieu, combien Ta Bonté
est grande pour moi,
malgré l'immensité de ma méconnaissance !
Et combien Ta Miséricorde
est large pour moi,
malgré toute la laideur
de mes actes[28] *!*

Ou avec la sourate II, 286 du Coran :

Notre Seigneur ! Ne nous reprends pas si nous avons oublié
ou péché par erreur.
Notre Seigneur ! Ne nous charge pas
d'un lourd fardeau comme tu l'as fait pour nos
prédécesseurs.
Notre Seigneur ! Ne nous charge pas de ce
que nous n'avons pas la force de porter.
Efface nos fautes, pardonne-nous !
Aie pitié de nous !
Tu es notre Maître. Donne-nous la victoire
sur le peuple des infidèles.

Une longue et belle prière du *Deutéronome* – qui passe en revue tous les errements possibles de l'homme vis-à-vis de Dieu – peut également aider le croyant à confesser ses fautes et à en demander le pardon :

[28] Cité par François Bourdeau, *op. cit.*

Qu'il te plaise, notre Dieu et Dieu de nos pères, de nous laver de tout péché, d'accorder l'indulgence à nos prévarications et de nous pardonner nos fautes.
Pardonne les péchés que nous avons commis sous la contrainte ou volontairement ;
et ceux que nous avons commis par dureté de cœur,
ceux que nous avons commis par ignorance,
ceux que nous avons commis avec des paroles répréhensibles,
ceux que nous avons commis dans l'incontinence,
ceux que nous avons commis avec des mots impurs,
ceux que nous avons commis avec des intentions perfides et une ruse maligne,
ceux que nous avons commis avec des pensées méchantes,
ceux que nous avons commis en trompant notre prochain,
les péchés commis avec des confessions hypocrites,
dans des lieux lascifs,
avec arrogance ou par imprudence,
en méprisant les parents ou les maîtres,
avec la violence,
en profanant le nom de Dieu et le sabbat,
avec des discours vains et insipides,
avec des lèvres obscènes,
avec des passions mauvaises,
avec ou sans scandale.

O Dieu miséricordieux, pardonne tous ces péchés et réconcilie-toi avec nous...

N comme nommer

Nommer Dieu, c'est faire acte de foi en reconnaissant explicitement ce que l'on sait implicitement. En d'autres termes, c'est donner corps à sa conviction intime par l'entremise de la parole.

Dire Dieu constitue donc une véritable prière puisque le croyant affirme ainsi sa foi en utilisant le moyen d'expression qui lui a été offert par Dieu, à savoir la parole (fut-elle intérieure au demeurant).

C'est en ce sens qu'il faut comprendre le beau texte chrétien d'Hilaire de Poitiers, extrait du premier livre de son *Traité de la Trinité* :

La tâche première de mon existence à ton égard, ô Dieu, Père tout-puissant, est assurément que je consacre tout mon esprit et toutes mes paroles à te dire. Ce pouvoir de la parole que tu m'as concédé porte en lui la plus belle des récompenses en ce qu'il me permet de te servir en te nommant et en proclamant à ceux qui t'ignorent ou à ceux qui te nient que tu es Père, Père d'un Dieu, Fils unique.

Mais dire Dieu ne signifie pas pour autant l'« enfermer » dans un nom qui le contiendrait tout entier. Par essence indéfinissable à l'homme qu'Il transcende et dépasse de toutes parts, Dieu ne se résume jamais au nom qu'on peut lui donner. Dès lors, le croyant n'a d'autre possibilité que de le désigner par une multitude de noms différents qui, loin de le circonscrire, en révèle au contraire toute l'immensité, et leur récitation inspirée constitue donc une prière. Les islamistes en témoignent à leur manière en affirmant que Dieu possède les noms les plus beaux – quatre-vingt-dix-neuf en tout, le centième étant « connu de celui seul à qui Dieu le communique » :

Le bienfaiteur – Le miséricordieux – Le roi – Le beau – La paix – Le fidèle – Le protecteur – Le puissant – Le réparateur – Le grand – Le producteur – Le créateur – L'organisateur – L'indulgent – Le dominateur – Le dispensateur – Le victorieux – La connaissance – Celui qui ouvre les cœurs – Celui qui ferme les cœurs – Le Voyant – L'attentif – Le juge – Le subtil – L'observateur – Le clément – Le magnanime – L'agréable – Le glorifié – Le magnifique – Le gardien – Le nourricier – L'intendant – Le majestueux – Le généreux – Le veilleur – Celui qui exauce – Le sage – Le superbe – Le très-aimant – Celui qui abaisse – Celui qui élève – Celui qui donne la dignité – Celui qui l'enlève – L'inébranlable – Le saint – Le digne de louanges – L'omniscient – Le principe – Celui qui ressuscitera ses créatures – Le créateur de la vie – Le créateur de la mort – Le vivant – L'opulent – L'inventeur – L'immuable – L'unique – L'éternel – Le bienfaiteur – Le charitable – Le prudent – Le producteur – Le prévenant – Le premier – Le dernier – Le manifesté – Le caché – Le protecteur – Le digne – Le tout-puissant – Le témoin – La vérité – Le fort – Le droit – Le pardon – Le justicier – Le bon – L'aimable – Le maître du Royaume – Le Seigneur de majesté et de générosité – L'équitable – Le rassembleur – Le suffisant à lui-même – Le riche – Celui qui détient les biens – Celui qui les répartit – Celui qui les distribue – La lumière – L'éternel – Le glorieux – L'universel – Le guide – L'immanent – Le parfait – Le sublime – Le patient – Le doux.

Le centième nom.

D'inspiration très ancienne, cette litanie – dont la tradition affirme qu'elle vaudra le paradis à tout croyant qui la récite avec ferveur – n'existe pourtant pas sous cette forme dans le Coran. De fait, les différents noms donnés à Dieu dans le texte sacré des islamistes apparaissent disséminés dans plusieurs sourates. Cette litanie constitue donc une prière résolument originale qu'on désigne parfois sous le nom de « rosaire musulman ».

La liturgie chrétienne est également très prolixe dans sa manière de désigner Jésus, Fils de Dieu et Dieu lui-même, comme en témoignent les célèbres Litanies du Saint Nom de Jésus :

Seigneur, ayez pitié de nous.
Jésus-Christ, Seigneur, ayez pitié de nous.
Jésus, écoutez-nous.
Jésus, exaucez-nous.
Père céleste qui êtes Dieu, ayez pitié de nous.
Fils rédempteur du monde, ayez pitié de nous.
Esprit Saint, qui êtes Dieu, ayez pitié de nous.
Trinité sainte qui êtes un seul Dieu, ayez pitié de nous.
Jésus, Fils du Dieu vivant, ayez pitié de nous.
Jésus, splendeur du Père, ayez pitié de nous.
Jésus, l'éclat et la lumière éternelle, ayez pitié de nous.
Jésus, roi de gloire, ayez pitié de nous.
Jésus, soleil de justice, ayez pitié de nous.
Jésus, Fils de la Vierge Marie, ayez pitié de nous.
Jésus aimable, ayez pitié de nous.
Jésus admirable, ayez pitié de nous.
Jésus Dieu fort, ayez pitié de nous.
Jésus, père du siècle à venir, ayez pitié de nous.
Jésus, Ange du conseil céleste, ayez pitié de nous.
Jésus très puissant, ayez pitié de nous.
Jésus très patient, ayez pitié de nous.
Jésus très obéissant, ayez pitié de nous.
Jésus doux et humble de cœur, ayez pitié de nous.
Jésus qui aimez la chasteté, ayez pitié de nous.
Jésus qui nous avez tant aimés, ayez pitié de nous.
Jésus, Dieu de Paix, ayez pitié de nous.
Jésus, auteur de la vie, ayez pitié de nous.
Jésus, modèle des vertus, ayez pitié de nous.
Jésus, zélateur des âmes, ayez pitié de nous.
Jésus, notre Dieu, ayez pitié de nous.
Jésus, notre refuge, ayez pitié de nous.
Jésus, père des pauvres, ayez pitié de nous.

Jésus, trésor des fidèles, ayez pitié de nous.
Jésus, bon pasteur, ayez pitié de nous.
Jésus, vraie lumière, ayez pitié de nous.
Jésus, sagesse éternelle, ayez pitié de nous.
Jésus, bonté infinie, ayez pitié de nous.
Jésus, notre voie et notre vie, ayez pitié de nous.
Jésus, joie des Anges, ayez pitié de nous.
Jésus, roi des Patriarches, ayez pitié de nous.
Jésus, maître des Apôtres, ayez pitié de nous.
Jésus, docteur des Evangélistes, ayez pitié de nous.
Jésus, force des Martyrs, ayez pitié de nous.
Jésus, pureté des vierges, ayez pitié de nous.
Jésus, couronne de tous les saints, ayez pitié de nous [...]

On remarquera les points de convergence manifeste entre la prière islamiste et la prière chrétienne (extraite d'un missel des années 40), même si la seconde exprime de façon plus explicite l'espoir du croyant.

Nombreuses sont également les références au nom de Dieu dans la liturgie juive, comme cette sanctification :

Que son Grand Nom soit glorifié et sanctifié dans le monde qu'il a créé selon sa volonté. [...]Que son Grand Nom soit béni sans cesse pour toute l'éternité. Que son Nom Saint et Béni soit loué, glorifié, exalté, élevé et vénéré de façon infiniment supérieure à toutes les bénédictions, cantiques, louanges et hymnes réconfortants que l'on peut dire sur terre.

P comme paix

Le mot paix comporte une multitude de définitions qui se recoupent toutes à terme et que l'on peut très prosaïquement résumer comme un accord parfait entre soi et soi, soi et les autres, soi et Dieu. Mais pour le croyant, la paix divine dépasse, et de loin, ce sentiment heureux et confortable généré par un rapport de parfait amour excluant toutes sources de conflits et de dangers. Cette vertu qui fait partie des attributs suprêmes de Dieu se traduit, en effet, par une coïncidence paisible et harmonieuse entre les hommes et la divinité qui vivent, dès lors, dans un état de grâce perpétuel.

Nombreuses sont donc les prières et invocations visant la réalisation de cet accueil réciproque, tant dans cette vie que dans l'autre.

Le Psaume 62 de l'Ancien Testament – dont nous reproduisons ci-après un extrait significatif – traduit cet élan de façon particulièrement fervente :

Mon âme n'a de repos qu'en Dieu ;
C'est de lui que me vient le salut.
Lui seul est mon rocher et mon salut,
Ma citadelle : je ne saurais être ébranlé.
[...]
N'aie de repos qu'en Dieu, ô mon âme,
Car c'est de lui que vient ce que j'espère.
Lui seul est mon rocher et mon salut,
Ma citadelle ; je ne serai pas ébranlé.
En Dieu sont mon salut et ma gloire,
le rocher de ma force : mon refuge est en Dieu.
En tout temps, ô peuple, confie-toi en lui ;
Epanchez devant lui vos cœurs :
Dieu est notre refuge.

On remarquera, en outre, l'insistance portée sur les notions de « refuge » et de « repos », qui renvoient toutes deux à la paix divine ; une paix à vivre et à partager de la façon la plus entière et la plus dynamique avec un Dieu qui aime, accueille, offre et partage la plénitude de l'amour avec des hommes qui ont définitivement abandonné toute attitude de retrait ou de renoncement.

Le Kaddisch, prière faisant partie de l'office juif, clame aussi la Paix issue de Dieu dans cet extrait particulièrement représentatif :

Que des cieux vienne la Grande Paix,
la vie sur nous et sur tout Israël !
Et dites : Amen !

L'Artisan de Paix au plus haut des cieux,
qu'Il soit l'Artisan de Paix
sur nous et sur tout Israël !
Et dites : Amen !

Quant aux orthodoxes, ils en appellent, eux aussi, à la Paix divine dans une somptueuse invocation extraite de la liturgie syrienne de saint Clément :

O Dieu, Océan ineffable d'amour, Abîme insondable de paix, Source de Bonté et Dispensateur de la charité. Tu envoies la paix à ceux qui l'accueillent. Ouvre-nous aujourd'hui l'océan de ton amour. De l'abondance de ta grâce fais couler sur nous les fleuves, et arrose-nous des sources les plus douces de ta bonté. Rends-nous enfants de tranquillité et héritiers de paix. [...] Donne-nous aussi de nous saluer les uns les autres du baiser de paix et d'amour véritable, sans ruse et sans mauvais sentiment.

Et l'on pourra méditer, enfin, la caractère proprement dynamique que constitue la soif de paix à travers les termes du message papal du 8 décembre 1992, prononcé lors de la célébration de la journée mondiale de la paix :

Si tu cherches la paix, va à la rencontre des pauvres ! Puissent les riches et les pauvres reconnaître qu'ils sont frères et sœurs, et partager tout ce qu'ils possèdent, comme les enfants du même Dieu qui aime tous les hommes, qui veut leur bien à tous, qui offre à tous le don de la paix !

R comme rassemblement

Sources d'intolérance, de conflits et de persécutions dont l'Histoire témoigne, hélas, avec trop d'éloquence, les différentes religions ont aussi donné naissance à de vastes mouvements « œcuméniques » dont la visée est de rassembler les croyants dans un même élan d'unité par un dépassement de leurs divergences au bénéfice d'une reconnaissance conjointe de leurs visées.

A ce titre, Jean XXIII, homme inspiré et pape éclairé, sut impulser un nouvel élan à l'église catholique romaine, en réunissant un concile qui fit date pour plusieurs raisons : aucune réunion de ce genre n'avait, en effet, eu lieu depuis 1870, jamais l'Eglise ne s'était aussi bien placée au cœur des problèmes du monde contemporain – sans pour autant sacrifier ses valeurs essentielles à l'actualité – et jamais autant d'efforts n'avaient été déployés pour aller à la rencontre des autres religions d'inspiration chrétienne. D'où l'importance et la beauté de cette prière papale – rédigée en 1962, soit un an avant la mort du souverain pontife – tout entière vouée à l'esprit de réconciliation :

Dieu tout-puissant, notre Père, à ton peuple rebelle et divisé tu as répondu par l'offre de la rédemption et de l'unité dans ton Fils Jésus-Christ ; veuille nous délivrer désormais de toute suspicion mutuelle, de tout attachement servile et borné au passé qui nous est propre, pour que nous maintenions fidèlement l'unité de ton Esprit et que nous venions sans faute à l'unanimité de la foi, de l'amour et du témoignage que tu nous ordonnes. Par Jésus-Christ, notre Seigneur.

Reprenant à son compte le grand élan de réconciliation impulsé par son prédécesseur, Paul VI rencontra le patriarche Athénagoras, en 1964 et, un an plus tard, tous deux levèrent très officiellement les anathèmes entre l'Eglise de Rome et celle de Constantinople. Mais il fallut attendre encore deux ans pour qu'Athénagoras se rende à Rome pour une visite officielle – la première du genre depuis la fondation du christianisme. C'est au cours d'une célébration solennelle que Paul VI prononça cette prière, largement diffusée de par le monde, en toutes langues :

Jette donc les yeux sur nous tes serviteurs qui, illuminés par la grâce de ton Esprit et guidés par la charité fraternelle, nous repentons des péchés contre l'unité.
Par une humble prière, nous demandons ton pardon et celui de nos frères et d'une même voix nous implorons la parfaite unité de tous ceux qui croient en toi.
Prosternés nous t'implorons, Seigneur, toi qui aimes tous les hommes : répands aujourd'hui sur nous une grâce nouvelle et plus abondante de ton Esprit, pour mener une vie digne de l'appel que tu nous as adressé, en toute humilité, douceur et patience, nous supportant les uns les autres avec charité, appliqués à conserver l'unité de l'esprit par le lien de la paix.
Fais que, discernant les signes des temps, et rachetant nos erreurs par un zèle infatigable d'abnégation, nous méritions de parvenir à l'heure désirée de la communion parfaite[29].

[29] Octobre 1967.

Près de vingt ans plus tard, le 19 août 1985 très exactement, le pape Jean-Paul II plaidait également en faveur du rapprochement en prononçant une allocution essentielle devant quelques quatre-vingt-dix mille jeunes musulmans marocains, allocution dont l'élan mérite d'être médité :

...Chrétiens et musulmans, nous avons beaucoup
de choses en commun, comme croyants
et comme hommes.
Nous vivons dans le même monde,
marqué par de nombreux signes d'espérance
mais aussi par de multiples signes d'angoisse.
Abraham est pour nous un même modèle
de foi en Dieu, de soumission à sa volonté
et de confiance en sa bonté.
Nous croyons au même Dieu. Le Dieu unique,
le Dieu vivant, le Dieu qui crée les mondes
et porte ses créatures à leur perfection.

Mais cette grande volonté de rassemblement n'est pas exclusive des catholiques, comme en témoigne la poignante invocation de Martin Luther, extraite de son *Petit livre de prières* (1522) :

Dieu éternel et miséricordieux, tu es un Dieu de paix,
d'amour et d'unité, et non pas de dispute et d'éclatement.
[...] Nous te prions et t'implorons : réunis par le Saint-
Esprit tout ce qui est dispersé, rapproche ce qui a été
divisé, permets-nous de revenir à ton unité.
Donne-nous de chercher ta seule vérité éternelle,
d'éloigner loin de nous la dispute, de nous fondre en un
seul esprit, une seule volonté, une seule connaissance,
un seul élan, une seule intelligence
avec Jésus-Christ notre Seigneur, afin que tous et chacun
nous puissions te prier et te rendre gloire
d'une même voix dans l'unité retrouvée,
toi le Père céleste et notre seigneur Jésus-Christ,
par ce même Jésus-Christ dans le Saint-Esprit.

Avec d'autres mots, sans doute, mais une conviction aussi forte, l'Eglise épiscopale des Etats-Unis invitait également à prier dans le même sens au début du siècle (Boston, 1915) :

Dieu de paix, tu as établi par ton Fils Jésus-Christ une seule foi pour le salut de l'humanité. Envoie ta grâce et ta bénédiction céleste sur tout le peuple chrétien : tous s'efforcent de se rapprocher de toi et les uns des autres, dans l'unité de l'Esprit et le lien de la paix. Donne-nous le repentir de nos divisions, la sagesse pour connaître ta vérité, le courage de faire ta volonté, l'amour qui abattra les barrières de l'orgueil et des préjugés et une loyauté indéfectible envers ton saint nom. Ne permets pas que nous reculions devant aucun effort qui s'accorde à ta volonté de paix et d'unité pour ton Eglise.

Comme on le voit à travers cette invocation, les oppositions fondamentales qui existent entre les églises catholique et protestante ne concernent aucunement les intentions de prière ni même la façon de prier. Et pourtant, ce texte date du début du siècle, à une époque où les antagonismes entre les deux communautés étaient encore très aigus.

Avec une belle constance, l'Eglise réformée de France poursuit l'œuvre commune en proposant une nouvelle prière en 1969, prière à laquelle tout chrétien ne peut qu'adhérer :

Seigneur notre Dieu, nous te prions pour les chrétiens de toutes confessions qui rendent témoignage à Jésus-Christ au milieu de notre peuple. Donne-nous de savoir reconnaître tout ce qui, dans leur message et dans leur vie, est un don de ta grâce.
Nous te prions pour les catholiques romains. Soumets nos rapports avec eux aux exigences de la vérité et de la charité.
Nous te prions pour les membres de l'Eglise d'Orient qui vivent sur notre sol. Rends toujours plus fraternels nos liens avec eux.
Nous te prions pour ceux qui ne te connaissent qu'à travers les sectes. Montre-nous quelle est notre responsabilité à leur égard et comment leur manifester la réalité vivante de l'Eglise.
Père éternel, qui nous a donné en Jésus-Christ le grand pasteur des brebis et le rédempteur du monde, garde et protège ton Eglise disséminée à la surface de la terre.

D'ambition plus directement « pragmatique » est la prière de J.S. Hoyland, citée dans la brochure chrétienne éditée à l'occasion de la semaine de prière pour l'Unité (1969), qui souligne l'importance d'une mise en pratique quotidienne de son engagement spirituel :

Dieu de toutes les nations, nous te prions pour tous les peuples de la terre : pour ceux qui sont en proie à la haine réciproque et à l'amertume ; pour ceux qui entreprennent des guerres sanglantes contre leurs voisins ; pour ceux qui oppriment et tyrannisent ; pour ceux qui gémissent sous la cruauté et l'oppression.
Nous te supplions d'enseigner aux hommes à vivre ensemble dans la paix ; qu'aucun homme n'exploite le faible, ni ne haïsse le fort ; que toute race puisse vivre sa propre destinée, sans entraves, dans la dignité et sans crainte.
Apprends-nous à être dignes de la liberté, libres de l'injustice sociale, libres de l'oppression individuelle et du mépris, les mains et le cœur purs, ne méprisant ni ne trompant personne, rendant à tout homme – dans toutes les circonstances de la vie – l'honneur que nous devons à tes enfants, quelles que soient leur couleur, leur race ou leur classe. Amen.

Les orthodoxes ne font pas exception à la règle en priant, eux aussi, pour le rassemblement le plus large, comme en témoigne cette invocation extraite de la liturgie syrienne de saint Clément[30] :

Unis-nous étroitement à toi les uns aux autres par un lien d'unité et de concorde ferme et indissoluble. Donne-nous aussi de nous saluer les uns les autres du baiser de paix et d'amour véritable, sans ruse et sans mauvais sentiment...

Il faut encore évoquer quelques lignes extraites d'une très belle prière anglicane publiée à Londres, en 1967[31] :

Jésus, par ta mort, tu as fait tomber les barrières entre Juifs et Gentils, entre Grecs et Barbares, entre hommes et femmes, entre esclaves et hommes libres. Guéris les tragiques divisions de notre monde, entre Est et Ouest, entre Noirs et Blancs, entre Arabes et Juifs : que tout homme respecte son frère comme quelqu'un pour qui tu es mort.

[30] Dans *La Prière œcuménique*. Presses de Taizé.

[31] *Idem.*

Et l'on ne saurait terminer ce bref survol sans rappeler un passage du Coran (sourate II, 62):

Ceux qui croient,
ceux qui pratiquent le judaïsme,
ceux qui sont Chrétiens ou Çabéens,
ceux qui croient en Dieu et au dernier Jour,
ceux qui font le bien :
voilà ceux qui trouveront leur récompense auprès de leur Seigneur[32].

S comme supplication

Prier, c'est entrer en dialogue avec Dieu et, partant, se rapprocher sans cesse de Lui pour mieux se pénétrer de son amour et de sa paix. C'est donc tout à la fois reconnaître sa perfection et sa puissance tout en marquant une volonté d'être pleinement à son image. Mais ce parcours ascensionnel nécessite pour l'homme des efforts qui semblent *a priori* hors de sa portée, sauf si Dieu lui vient justement en aide. D'où toute une floraison de prières-supplications à travers lesquelles le croyant exprime ses demandes, des plus prosaïques aux plus élevées.

Ainsi de cette prière enseignée par Mahomet à son disciple Jabir[33] :

O Dieu, je cherche ton aide dans ta grande sagesse.
Donne-moi la capacité d'agir grâce à ta puissance : je le demande à ta bienveillance. Tu sais, je ne sais rien. Tu es puissant, je suis faible.
Toi qui connais tout ce qui est secret, ô Dieu, si tu sais que ce que j'entreprends est bien pour ma foi, pour ma vie, pour mon bien-être, fais que cela soit. Mais si cela est mauvais pour ma foi, pour ma vie et pour mon avenir, éloigne-le de moi et montre-moi ce qui est bien.

[32] Traduction de D. Masson.

[33] Marie Maglione, *op. cit.*

Les chrétiens pourront, quant à eux, méditer l'une des plus belles prières de saint Thomas d'Aquin dont les demandes multiples visent le perfectionnement de soi-même et la rencontre avec Dieu :

Dieu miséricordieux, donne-moi
Le désir ardent de faire ce que tu désires,
De rechercher humblement ce qui te plaît
De le découvrir en profondeur
Et de l'accomplir fidèlement
Pour ta gloire
[...]
Que je sois ferme en toutes circonstances
O mon Dieu
Sans me griser de mes succès
Ni me désespérer de mes échecs.

Que je tire ma joie de tout ce qui me mène à toi
Et ma tristesse de tout qui m'en éloigne :
Que je ne cherche qu'à te plaire
Que je ne craigne qu'à te déplaire.
[...]
Que tout mon plaisir soit à te servir
Et que l'ennui soit de cesser d'œuvrer pour toi.
Mon Dieu, que mon cœur soit toujours occupé de toi,
Repentant de mes faiblesses
Et plein d'ardeur pour atteindre une existence meilleure.
[...]
Donne-moi, Seigneur, un cœur attentif
Jamais troublé par une pensée qui ne te concerne pas
Un cœur noble
Sans autre passion que toi
Un cœur droit
Sans aucune déviance
Un cœur fort
Capable de triompher des épreuves
Un cœur libre
De tous désirs aliénants.

Seigneur , mon Dieu, donne-moi
De l'esprit pour te connaître,
De la volonté pour te chercher,
De la sagesse pour te trouver ;
Fais que mon existence soit comme tu la désires,
Que ma persévérance soit sans faille
Et nourris mon espérance de te rencontrer un jour...

De leur côté, les tenants du judaïsme puiseront leur inspiration dans la prière terminale du sabbat dont les préoccupations spirituelles vont de pair avec un réel souci de piété au quotidien :

Esprit de piété et de ferveur, inspire-moi, éloigne de mon âme toute pensée futile, élève mon cœur vers l'auteur de la création, et qu'un profond recueillement règne autour de moi pour que je puisse célébrer en paix la fin de cette sainte journée de repos qui s'approche de son coucher et qui, dans quelques instants, ira se perdre dans l'éternité. Veille près de moi, Seigneur, et donne force à mon âme pour résister aux séductions du corps, soutiens-la dans la lutte contre les séductions du monde, contre les tentations de la terre ; fais que chaque sabbat la rapproche de toi, afin que ces journées de repos soient autant de degrés qui me conduisent au ciel.
Fais aussi, ô mon Dieu, que la semaine qui commence soit pour moi, ma famille et pour tous les hommes le début d'une vie de piété, de paix et de prospérité. Amen.

U comme univers

Glorifier Dieu à travers tous les aspects de son œuvre visible et perceptible – hommes, bêtes et choses – c'est rendre hommage au créateur à travers sa création ; et partant, dépasser cette création même pour approcher d'un peu plus près son auteur qui se confond avec elle tout en la transcendant.

Qui mieux que François d'Assise a su traduire cet élan de la créature vers son Dieu créateur à travers une prière témoignage dont la simplicité n'a d'égale que la puissance ? Nous reproduisons ci-après le texte du *Cantique de frère Soleil ou des créatures dans la tradition du Père Damien Vorreux (Editions fransiscaines)* :

Très-Haut, Tout-Puissant et bon Seigneur
à toi louange, gloire, honneur,
et toute bénédiction ;
à toi seul ils conviennent, ô Très-Haut,
et nul homme n'est digne de te nommer.

Loué sois-tu, mon Seigneur, avec toutes tes créatures,
spécialement messire frère Soleil
par qui tu nous donnes le jour, la lumière ;
il est beau, rayonnant, d'une grande splendeur,
et de toi, le Très-Haut, il nous offre le symbole.

Loué sois-tu, mon Seigneur, pour sœur Lune et les étoiles :
dans le ciel tu les as formées,
claires, précieuses et belles.

Loué sois-tu, mon Seigneur, pour frère Vent,
et pour l'air et pour les nuages,
pour l'azur calme et tous les temps :
grâce à eux, tu maintiens en vie toutes les créatures.

Loué sois-tu, mon Seigneur, pour sœur Eau,
qui est très utile et très humble,
précieuse et chaste.

Loué sois-tu, mon Seigneur, pour frère Feu,
par qui tu éclaires la nuit :
il est beau et joyeux,
indomptable et fort.

Loué sois-tu, mon Seigneur, pour notre sœur,
notre mère la Terre,
qui nous porte et nous nourrit,
qui produit la diversité des fruits,
avec les fleurs diaprées et les herbes.

Loué sois-tu, mon Seigneur, pour ceux
qui pardonnent par amour pour toi ;
qui supportent épreuves et maladies :
heureux s'ils conservent la paix,
car par toi, le Très-Haut, ils seront couronnés.

Loué sois-tu, mon Seigneur,
pour notre sœur la Mort corporelle,
à qui nul homme ne peut échapper.

Malheur à ceux qui meurent en péché mortel ;
heureux ceux qu'elle surprendra faisant ta volonté,
car la seconde mort ne pourra leur nuire.

Louez et bénissez le Seigneur,
rendez-lui grâce et servez-le
en toute humilité !

On remarquera que l'apparente naïveté de cette prière-poème (rédigée en 1225, à Saint-Damien, peu avant la mort de François, alors rongé par la maladie) constitue, en fait, l'écrin privilégié d'une réelle et profonde intimité avec la création divine, intimité grâce à laquelle François d'Assise et ses lecteurs parviennent à dépasser la réalité pour remonter à sa cause première, Dieu et son Amour créateur.

Plus « intellectuel », peut-être, saint Augustin (IVe-Ve siècle) interroge à sa manière le monde qui l'entoure, à la recherche de Dieu. La méditation de cette quête constitue, à coup sûr, une vraie prière :

Qu'est donc ce Dieu que j'aime ? J'ai demandé à la terre qui m'a répondu : Je ne suis pas ton Dieu. Tout ce qui vit dans notre monde m'a répondu de la même façon. J'ai interrogé l'onde et les gouffres, et tout ce qui y vit. Mais ils m'ont répondu : Nous ne sommes pas ton Dieu ; cherche plus haut que nous. J'ai questionné les vents, et l'espace avec ses créatures m'a répondu : Anaximène se trompe ; je ne suis pas Dieu. J'ai interrogé le ciel, le soleil, la lune, les étoiles, qui m'ont dit : Nous ne sommes pas le Dieu que tu cherches. Alors j'ai demandé à tous les êtres qui m'entourent : Parlez-moi de mon Dieu puisque vous ne l'êtes pas, dites-moi quelque chose de Lui. Et ils m'ont affirmé en chœur, d'une voix puissante : C'est Lui qui nous a faits. Ainsi ma contemplation interrogeait-elle ces êtres et ces choses dont la beauté répondait à ma question[34].

De même, Dhou'l-Noun l'Egyptien (IXe siècle) trouve-t-il la voie royale qui mène à Dieu en proclamant la beauté de l'univers à travers une prière sobre et somptueuse qui fait partie des plus beaux joyaux de l'islam :

O mon Dieu, jamais je ne me penche pour écouter le cri d'un animal, le bruissement du feuillage dans les arbres, le murmure de l'eau, la douce psalmodie des oiseaux, jamais je ne tends l'oreille à la délicieuse invite de l'ombre, au bourdonnement du vent ou au grondement du tonnerre, sans trouver qu'ils témoignent de ton Unicité, qu'ils montrent que rien au monde ne peut s'égaler à Toi...

[34] *Confessions*, livre dixième.

La spontanéité du geste d'accueil et de paix de ce croyant au sein d'une communauté de fidèles témoigne que la prière est tout autant un acte de foi individuel que collectif (JMJ 2000, Rome, Italie © L. Margot/Alpha Oméga)

Particulièrement intense est l'image de cet homme tout entier engagé dans la prière (monastère Sainte-Catherine, Sinaï © John Pole/Alpha Oméga)

Les mains jointes constituent la métaphore la plus parlante de la prière
(Fondation Raoul Follereau, Côte-d'Ivoire © John Pole/Alpha Oméga)

Comme tous les priants, ce moine birman exprime par son attitude l'humilité,
la foi, le recueillement et le respect intérieurs qui singularisent tout élan de prière
(© F. Dumortier/Alpha Oméga)

V comme Vierge Marie

La personne de Marie tient une place singulière dans l'histoire religieuse. Proche de Dieu et proche des hommes, elle s'impose d'emblée comme la médiatrice privilégiée entre la création et son Créateur.

C'est sans doute en raison de ce statut très particulier que la plupart des chrétiens lui vouent une dévotion profonde, dévotion qui a été à l'origine de très nombreuses, très belles et très poignantes prières.

Mais avant toute citation, il faut bien sûr évoquer le célébrissime *Je vous salue Marie* dont les deux parties distinctes – l'une reprenant les mots de l'ange Gabriel venu annoncer la conception divine de Jésus et l'autre la prière d'invocation ajoutée par l'Eglise – reflètent parfaitement cette conjonction transcendantale de l'humain et du divin dans la personne de Marie :

Je vous salue Marie,
pleine de grâce,
Le Seigneur est avec vous,
Vous êtes bénie entre toutes les femmes
Et Jésus, le fruit de vos entrailles,
est béni.
Sainte Marie,
Mère de Dieu,
Priez pour nous,
pauvres pécheurs,
Maintenant et à l'heure de notre mort.

Ce double enracinement terrestre et céleste a également frappé le grand François Villon dont la *Ballade pour prier Notre-Dame* constitue, à coup sûr, l'un des plus purs et des plus émouvants joyaux de la littérature du Moyen Age.

Pour l'anecdote, on remarquera que les premières lettres de chaque vers de la dernière strophe composent le nom du poète, lequel parvient ainsi à personnaliser totalement sa prière en fondant son identité à sa propre parole :

Dame du ciel, régente terrïenne,
Emperière des infernaux palus (marais),
Recevez-moi, votre humble chrétienne,
Que comprinse soie entre vos élus,
Ce non obstant qu'oncques rien ne valus.
Les biens(mérites) *de vous, ma Dame et ma Maîtresse,*
Sont trop plus grands que je ne suis pécheresse,
Sans lesquels biens âme ne peut mérir (mériter)
D'avoir les cieux. Je n'en suis jangleresse (menteuse) *:*
En cette foi je veuil vivre et mourir.

A votre Fils dites que je suis sienne ;
De lui soient mes péchés abolus (abolis) *;*
Pardonne-moi comme à l'Egyptïenne,
Ou comme il fit au clerc Théophilys,
Lequel par vous fut quitte et absolus (absous),
Combien qu'il eût au diable fait promesse.
Préservez-moi, que ne fasse jamais ce,
Vierge portant, sans rompure encourir,
Le sacrement qu'on célèbre à la messe :
En cette foi je veuil vivre et mourir.

Femme je suis pauvrette et ancïenne,
Qui rien ne sais ; oncques (aucune) *lettres ne lus.*
Au moutier vois, dont je suis paroissïenne,
Paradis peint, où sont harpes et luths,
Et un enfer où damnés sont boullus :
L'un me fait pour (peur), *l'autre joie et liesse.*
La joie avoir me fais, haute Déesse,
A qui pécheurs doivent tous recourir,
Comblés de foi, sans feinte ne paresse :
En cette foi je veuil vivre et mourir.

***V**ous portâtes, digne Vierge, princesse,*
***I**ésus régnant qui n'a de fin ne cesse.*
***L**e Tout Puissant, prenant notre foiblesse,*
***L**aissa les cieux et nous vint secourir,*
***O**ffrit à mort sa très chère jeunesse ;*
***N**otre Seigneur tel est, tel le confesse :*
En cette foi je veuil vivre et mourir.

Forte de l'humanité extrême de Marie, reflet de celle du Dieu qu'elle engendra, saint Bernard s'adresse en toute confiance à elle à travers des mots que tout un chacun peut reprendre :

Souvenez-vous, ô très miséricordieuse Vierge Marie,
que l'on n'a jamais ouï dire qu'aucun
de ceux qui ont eu recours à votre protection,
imploré votre assistance et demandé votre intervention,
ait été abandonné. Animé d'une pareille confiance,
pauvre pécheur, je recours à vous ;
je viens à vous, je me jette à vos pieds en gémissant.
Ne dédaignez pas mes prières, ô Mère du Verbe,
mais écoutez-les favorablement, et daignez les exaucer.

Plus tard, au XIXe siècle, apparaît une prière anonyme qui s'adresse à la Vierge en des termes voisins du *Je vous salue Marie* dont on trouvera ci-après un extrait :

O sainte Vierge Marie qui, pour nous inspirer
une confiance sans bornes,
avez voulu prendre le nom si doux de Mère du Perpétuel
Secours, je vous supplie de me secourir
en tout temps et en tout lieu : dans mes tentations,
après mes chutes, dans mes difficultés, dans toutes les
misères de la vie et surtout au moment de la mort...
Bénissez-moi, ô tendre et secourable Mère,
et priez pour moi maintenant et à l'heure de ma mort.
Ainsi soit-il.

Et le pape Jean-Paul II offrit cette prière à la Vierge, en 1993, à la fin de son encyclique *Veritatis splendor* sur la question morale :

O Marie,
Mère de Miséricorde,
veille sur tous,
afin que la Croix du Christ
ne soit pas rendue vaine,
que l'homme ne s'égare pas
hors du sentier du bien,
qu'il ne perde pas la conscience du péché,
qu'il grandisse dans l'espérance de Dieu,
« riche en miséricorde » (Eph., 2, 4),
qu'il accomplisse librement les œuvres bonnes
préparées d'avance par Dieu (Eph., 2, 10)
et qu'il soit ainsi, par toute sa vie,
« à la louange de sa gloire » (Eph., 1, 12).

V comme vivants

Prier pour les vivants, c'est tout à la fois témoigner de l'amour qu'on leur porte et reconnaître que nos pouvoirs sont limités pour leur apporter les bienfaits qu'on désire pour eux. D'où des prières-intercessions vis-à-vis de Dieu dont la toute-puissance peut seule relayer notre impuissance en concrétisant sans cesse plus avant les termes de l'Alliance qui s'appuie sur l'amour homme-homme et homme-Dieu.

Cette compassion à l'égard de l'autre éclate avec évidence dans la prière suivante dont tout croyant peut faire siens les mots :

> *... O Seigneur, qui dispenses à chacun ton amour et es attentif à toutes tes créatures, nous te prions pour nos frères les plus pauvres que nous ne savons pas aider ni consoler, pour les veuves, les orphelins, les abandonnés, pour tous ceux qui souffrent de la faim dans le monde. Nous te prions aussi pour une plus grande compréhension entre les hommes*[35].

Un même élan d'amour pour l'Autre éclate avec splendeur dans la prière judaïque suivante qui a pour objet la charité :

> *Mon Dieu, fais que, avec ta grâce, je pardonne d'un cœur sincère à mes ennemis, que je ne garde pas de sentiments de vengeance, de haine, d'aversion ou de rancœur ; que je ne médise jamais d'eux, ni ne me complaise à en entendre médire par d'autres ; que je prie pour eux et que je sois disposé à leur rendre tous les services dont ils pourraient avoir besoin, si jamais l'occasion s'en présentait.*
> *[...] Viens donc à mon secours, mon Dieu ; aide-moi, que j'arrive à me réconcilier avec tous les hommes et à les aimer d'un amour fraternel*[36].

[35] *Liturgie pour le culte public*, prière publiée par la Commission vaudoise pour la liturgie.

[36] Marie Maglione, *op. cit.*

Quant aux catholiques, ils ont pour habitude de prier pour tous les vivants en ces termes au cours de la liturgie dominicale :

> *Souviens-toi, Seigneur, de tes serviteurs et de tes servantes, et de tous ceux qui sont ici rassemblés, dont tu connais la foi et l'attachement. Pour eux et pour tous les leurs, nous t'offrons ce sacrifice de louange pour le salut et la rédemption de leur âme. Nous t'en prions, Dieu éternel, vivant et vrai.*

Témoignages

Parce que la prière est un acte qui implique la totalité de la personne humaine – dans ce qu'elle a de plus conscient et de plus volontaire, mais aussi de plus intime et de plus secret – il était absolument nécessaire d'ouvrir largement ces pages aux priants de convictions diverses, leurs libres témoignages constituant autant de pistes d'échanges et de réflexion pour tout un chacun.

Encore fallait-il circonscrire un si vaste sujet de manière à ce que les réponses des différents intervenants puissent être clairement et utilement comparées entre elles. Raison pour laquelle nous avons élaboré un questionnaire en six points, priant chaque témoin – représentants officiels des différents cultes ou simples fidèles – d'y répondre en deux pages maximum :

1) Quelle est votre définition de la prière ?

2) Qui priez-vous et comment ?

3) Que recherchez-vous dans la prière ?

4) Quelle place tient la prière dans votre vie quotidienne, publique et personnelle ?

5) Estimez-vous que la prière doit être intimement liée à la Foi, à une Foi ?

6) Quelle prière vous paraît la plus importance ? Et quelle est celle que vous trouvez la plus belle ?

Tous se sont pliés de bonne grâce à cet exercice somme toute difficile, permettant ainsi d'offrir au lecteur un large éventail de témoignages dont il faut saluer la personnalité et l'authenticité.

Que toutes celles et tous ceux qui nous ont ainsi spontanément prêté leur concours bénévole soient ici remerciés et gageons que leur prise de parole permettra de nourrir les interrogations, élans et réflexions de chacun.

V. Allard

Issu d'une famille profondément attachée à la foi catholique, il a toujours baigné dans un milieu imprégné du sens religieux en dépit d'études poursuivies dans des établissements laïcs. Très intégré à la vie paroissiale partout où il a résidé – vingt-trois déménagements en trente-trois ans ! – il conjugue depuis toujours vie professionnelle (gestion et expertise comptable) et engagement pastoral (équipe d'animation liturgique et organiste).

1) A la fois démarche de demande et d'offrande, c'est un moment privilégié de rencontre avec Dieu.

2) Qui ? Dieu dans sa Trinité, la Vierge Marie, les Saints et les Anges.

Comment ? Outre les prières traditionnelles de l'église catholique, par une sorte de dialogue intérieur, intimiste avec un Dieu que je ressens proche de sa création, et en jouant de la musique d'orgue.

Quand ? Principalement lors des messes par le biais d'une participation active (musique, animation ou lecture) ou le soir, à la maison, lorsque je couche mon fils qui a treize mois. Je lui chante un ou deux *Je vous salue Marie* et lui récite un *Notre Père* avant de remercier Dieu pour la journée qui s'est écoulée et de le confier à la garde des Saints et des Anges.

Parfois, en cours de journée, j'ai une pensée spontanée de remerciement à Dieu pour une chose très belle que j'aurais vue ou une demande d'intercession pour soulager le fardeau de quelqu'un qui m'aura fait pitié.

3) Une communion d'esprit avec Dieu qui m'apporte une certaine paix intérieure, un sentiment de plénitude et de bien-être qui me réconforte et me soutient lorsque j'en ai besoin.

4) C'est un besoin quotidien mais auquel je n'accorde généralement qu'une place limitée dans mes activités car je suis, comme beaucoup de mes contemporains, trop souvent préoccupé par des questions d'ordre temporel auxquelles je donne la priorité, quitte à ressentir une sorte de frustration.

5) Oui, parce qu'elle s'adresse à quelqu'un dénué de toute matérialité ordinaire. Il faut vraiment y croire et donc faire acte de foi pour envisager son existence et lui adresser la parole.

6) Le *Notre Père* : non seulement cette prière nous vient du Christ, mais lorsqu'on la fait véritablement sienne, elle constitue un véritable acte de foi qui résume parfaitement ce que devrait être Dieu pour chaque chrétien.

Le *Je vous salue Marie* : c'est comme un élan du cœur. Je ne sais pas vraiment traduire en mots ce que cela produit d'indicible chez moi lorsque je le chante ou en joue la musique. Je récite très rarement cette prière, je préfère chanter ou jouer l'une des multiples versions musicales qui existent, preuve qu'elle a eu et a toujours de nombreux adeptes.

Père C.

Le témoignage suivant émane d'un prêtre, diplômé de philosophie, qui a enseigné de longues années le français et la philosophie à des adolescents.

1) Définir la prière me semble une gageure... Elle fait partie des modes d'expression que l'on trahit chaque fois où l'on cherche à préciser leurs contours. C'est en tout cas, pour moi, aujourd'hui très différent des définitions qu'on m'en a données, que j'en trouve... et même de celles que j'ai été amené à... enseigner. J'aime prier, comme j'aime la rencontre ; je m'y retrouve et je trouve l'Autre ; je m'y apaise parce que je la laisse m'apaiser.

2) Qui est-ce que je prie ? Dieu, bien sûr – et non ses Saints ! – mais Dieu qui a pour moi un visage (ou du moins dont je me suis composé le visage non par imagination débridée mais en collant à quelques – rares et pauvres – éléments objectifs), dont je me suis familiarisé avec les gestes ou ce que l'on a retenu de ses paroles : Jésus, son Fils, Homme. Je prie aussi l'Esprit, sans visage certes, mais qui s'est manifesté en modifiant les comportements, en provoquant des réactions enregistrées et indubitables.

3) Ce que je recherche dans la prière ?... Il me semble, avant tout, dire à ma manière que je crois à l'existence de cet Autre que je m'efforce ainsi de rejoindre ; me donner preuve de ma conviction qu'Il est pour moi « vivant ». Mais aussi me laisser pénétrer par Lui. Souvent, j'ai constaté combien de vieux époux finissaient par se ressembler... Je suis persuadé qu'à force de contempler, méditer, porter attention, on finit par être – un peu ! – « comme » !

4) Quelle place tient la prière dans ma vie personnelle ? En temps, moins que mon sommeil ; et pour les jours ordinaires, plus que les loisirs. Pas assez certainement. De toute manière, j'ai toujours aimé prier avec d'autres, petits groupes ou communautés ; il y a un attrait de la rencontre qui alors joue son rôle d'activateur. Je ne vois, en tout cas, aucune opposition entre prière personnelle et prière publique ; j'y suis à l'aise dans l'une comme dans l'autre : moi-même dans la « publique » et homme public ou engagé dans la « personnelle ». Pour moi, un faux problème.

5) Que l'on imagine la prière non liée à la foi m'a surpris ; cela n'a, à mes yeux, aucune signification. J'aime rêver, j'aime me taire, j'aime ce mode d'expression et de découverte des choses ou des hommes qu'est la poésie. Je ne les confonds pas avec la prière qui, elle, me permet de rejoindre Quelqu'un de vivant en un autre monde.

6) Quelle prière me paraît la plus importante ? Sans nul doute la gratuite ! Je ne vois pas que cela ne puisse pas être ainsi. Quant à celle que je « trouve la plus belle »... Je vais vous étonner, mais c'est celle des psaumes, non parce que – prêtre ! – cela convient, mais parce qu'ils me paraissent suffisamment « déphasés » et « incongrus » pour que je m'y sente « priant ».

Thierry M. Carabin

Spécialiste en psychologie du comportement. A conçu de nombreux tests relatifs tant à la vie professionnelle qu'à la vie sociale[37]. Participant à des séminaires de psychologie et de sociologie, il a axé certaines de ses recherches sur le comportement de l'homme au quotidien. Il répond donc au questionnaire en tant que spécialiste sans s'impliquer en son nom propre.

1) Temps d'arrêt et de réflexion, la prière est une adresse ou une communication. Elle peut prendre la forme d'une récitation ou d'un silence, être collective ou strictement individuelle.

[37] A notamment publié *Testez vos relations interpersonnelles*, *Comment dominer ses émotions* et *Testez votre mémoire* aux éd. De Vecchi.

2) Le croyant s'adresse à Dieu. Il récite un texte attestant de sa foi, de son adhésion à une religion, de son espoir en l'avenir.

Il implore également Dieu et lui demande d'intervenir dans sa vie. Certains se livrent à un examen de conscience quotidien, dans le silence et le recueillement, en communication avec Dieu.

L'incroyant s'adresse quant à lui à un « esprit supérieur » pour lequel il existe beaucoup de dénominations. Au terme de prière, il préfère souvent celui de « méditation », laissant le mot « prière » aux croyants.

3) Dans la prière collective, l'homme recherche tous les avantages d'un rituel : création d'un espace distinct du quotidien, sacralisation d'un temps, mise en sommeil des soucis, adhésion à une communauté, mise en condition pour une réflexion partagée ou secrète.

D'un autre côté, la prière individuelle peut apporter certains de ces avantages.

Mais dans tous les cas, l'homme espère spontanément trouver la sérénité dans la prière.

4) Plus l'adhésion à une communauté religieuse est forte, plus la prière est présente dans la vie publique, sous forme de réunions hebdomadaires ou quotidiennes.

Dans la société actuelle, l'individualisme tient l'homme éloigné des démonstrations collectives et le devoir de tolérance œcuménique le dissuade souvent d'afficher ses convictions.

Le succès croissant des retraites et séminaires proposés par divers ordres religieux montre, si besoin était, que la prière personnelle tient une place importante dans la vie de personnes qui fuient les rassemblements et échappent ainsi à tout recensement.

5) Aucune religion n'a le monopole de la prière. D'ailleurs, un athée prie lorsqu'il se concentre ou se met à l'écoute de la nature et de son esprit.

La seule étude de la morale est, par nature et par fonction, une forme de prière.

6) La plus importante et la plus belle des prières est incontestablement celle qui se traduit par un acte d'altruisme désintéressé, donc par l'amour.

Laurence Cochet

Journaliste de la presse écrite et coanimatrice d'émissions télévisées au côté de Christine Bravo notamment, Laurence Cochet est mariée et mère de trois enfants. Catholique pratiquante, elle accorde une place singulière à la prière.

1) Pour moi, la prière s'assimile, si j'ose dire, à une conversation avec Dieu. Je parle quotidiennement et en toute liberté à un être invisible avec qui j'ai établi un contact intime et privilégié.

2) Cet être que je prie, c'est Dieu, bien sûr, à travers Jésus-Christ et l'Esprit-Saint. Comment ? De façon tout à fait informelle, en dialoguant parfois à voix haute et sans aucun complexe avec Lui quand je suis seule. Mais je peux aussi emprunter des voies beaucoup plus rituelles, comme la lecture de passages de la Bible ou de textes d'auteurs divers, pas nécessairement catholiques au demeurant, dont les réflexions sur le sens du monde me « spiritualisent ». Je prie également à la messe, mais surtout aux moments les plus forts comme à la communion. Je préfère prier dans une attitude de confort plutôt que de me mettre à genoux. Enfin, je participe à un groupe de prière une fois par semaine, qui m'apporte une ouverture aux autres très bénéfique.

3) Pour moi, la prière est un élan vers Dieu, mais aussi vers la Vierge (plus maternelle), dans les moments de détresse. Je n'éprouve pas, en revanche, le besoin de prier les saints qui sont trop nombreux et ne représentent pas mon idéal chrétien... Je ne souhaite pas devenir une « sainte » mais j'aimerais devenir quelqu'un de « juste », quelqu'un qui aurait trouvé un juste équilibre entre les joies (et les peines) de l'incarnation et celles de la spiritualité...

Prier, pour moi, c'est d'abord louer, remercier pour tout ce qui m'est donné. C'est aussi l'occasion de demander à Dieu d'intervenir dans ma vie pour m'aider à résoudre des problèmes... des plus prosaïques (trouver une place de parking) aux plus profonds (arrêter d'envier ma voisine de gauche)... Je constate que la prière est un outil merveilleux de transformation intérieure. Je prie aussi pour les autres avec le soutien de mon groupe de prière et nous voyons des choses étonnantes se produire.

Quant aux échecs ou aux épreuves, je les considère comme un tremplin pour rebondir vers un avenir meilleur. Lors d'un accident de la circulation dont j'ai été victime récemment, j'ai prié, j'étais en paix, je me suis abandonnée à la providence, persuadée, même si cela peut paraître paradoxal, que j'étais en sécurité et que cet accident était le signe pour moi d'un nouveau départ.

4) La prière tient une place quotidienne dans ma vie. Et pas seulement dans ma vie privée. Je fais souvent appel à l'Esprit-Saint dans les situations difficiles, quand je suis devant une feuille blanche, quand j'ai des choix à faire, quand on me pose une question délicate (de morale par exemple) et je demande de recevoir l'inspiration. Et il se passe toujours quelque chose. Et si ce quelque chose se passait seulement dans ma tête ? Je serais heureuse d'avoir vécu cette dimension malgré tout. De croire en Dieu donne un sens à ma vie, un sens magnifique que j'aime transmettre à mes enfants.

5) Cette question m'apparaît vide de sens. Quelqu'un qui n'aurait pas la foi, qui pourrait-il prier ? Sans foi en un Dieu, la prière manque de transcendance. Et on entre dans le domaine de la superstition et de la magie qui excite l'esprit mais ne nourrit pas l'âme et n'ouvre pas le cœur.

6) La prière la plus édifiante et la plus belle : c'est la prière de louange, quelles que soient les circonstances, heureuses ou malheureuses, dès lors qu'on est convaincu que la pire des catastrophes peut être source de grâce. Quand on a la chance d'avoir la foi, il y a une vraie joie à la vivre en actes et en prières.

Bénédicte D.

Mère catéchiste à l'école primaire (moyenne d'âge des enfants en troisième année : 9 ans). Se fait l'interprète des enfants.

1) La prière, c'est parler à Dieu, tout simplement, lui dire qu'on l'aime et que l'on sait qu'il nous aime. C'est lui confier nos pensées et nos peines, nos joies, nos questions et nos « vilaines idées » !

C'est aussi lui dire merci.

2) Les enfants prient Jésus parce que « Lui, il a vécu comme nous et il peut nous comprendre. Dieu, on ne le voit pas, on sait qu'il est derrière tout. Mais c'est difficile de l'imaginer. »

Les enfants prient de toutes les façons possibles : prières apprises, monologues à Dieu, dialogues dans lesquels Dieu intervient plutôt comme une conscience.

3) Les enfants recherchent une consolation quand tout va mal, une oreille immatérielle mais toujours disponible, une intimité avec Jésus et Dieu (chacun d'eux se croit plus « lié » avec Dieu que le voisin mais sans arrière-pensée négative) et quelqu'un à qui dire merci. Ils ont une approche primaire mais rafraîchissante de la prière.

4) Vie quotidienne : la prière du soir est indispensable, comme un rituel. Dans un premier temps, les enfants s'obligent à prier (début de catéchisme ou volonté des parents), puis cela leur devient nécessaire.

Vie publique : ils aiment à dire l'importance de la prière dans leur vie, de leur participation à l'Eucharistie ; ils partagent aisément l'importance de la prière avec tous ceux qui veulent bien les écouter.

Vie personnelle : notion difficile, pas de différence avec la vie quotidienne.

5) Question qu'ils ne comprennent pas bien. Ils disent seulement que chaque religion a son Dieu et que la prière est donc liée à la foi. Et que finalement la Foi reste toujours la Foi !!!

6) *Notre père... Pardonne nos offenses comme nous pardonnons à ceux qui nous ont offensés...* C'est la plus belle de toutes les prières, justement à cause de ce pardon. Pardon qu'ils ne peuvent pas toujours accorder mais ils réfléchissent beaucoup à cela et « mesurent la distance à parcourir ». (Cette dernière remarque émane d'un petit garçon de neuf ans qui vient de demander le baptême et s'inquiète de savoir s'il saura pardonner, même un tout petit peu !)

Jean-Paul Frank

43 ans, 3 enfants. Juif libéral issu d'une famille non pratiquante, française depuis plus de deux siècles. A commencé à s'intéresser à ses origines très tardivement, le jour où il prit conscience qu'à défaut de le faire il n'aurait rien à transmettre à ses enfants... pas même les quelques mots yiddish glanés ici ou là.

1) La prière est à la fois un acte et un moment de foi. C'est aussi un acte et un moment d'introspection.

2) Tout dépend de la manière dont je prie. Si c'est affectivement, alors c'est à Dieu que je m'adresse, récitant la prière et faisant corps avec la communauté qui m'entoure. En revanche, lorsque je prie seul, il n'y a plus le support du texte convenu et ma prière – tout en s'adressant à l'Eternel – s'ouvre pour entrer dans le champ de l'introspection. Discours de moi à moi-même, sur moi-même ou sur d'autres sujets, dissertation libre auprès d'un témoin invisible.

3) Mes attentes sont aussi différentes selon que je prie en communauté ou individuellement. En communauté, je cherche probablement à faire corps avec la tradition, à être en parfaite symbiose avec les autres, à partager une émotion collective. Seul, c'est une véritable recherche que j'effectue par le biais du questionnement, et une libération que je provoque en me laissant aller à l'évocation de toutes mes préoccupations, mes colères, mes angoisses, mes hésitations. Au fond, c'est vraiment la prière solitaire qui m'est la plus chère, parce que plus humaine, plus directe.

4) Bien que ne priant pas quotidiennement, la prière ou l'acte de prier est intimement lié à ma vie quotidienne, c'est mon jardin secret. Je prie dans la solitude, l'isolement la plupart du temps, sauf au moment des grandes fêtes. Au moment de ces fêtes, c'est le besoin de partager avec ceux de ma communauté qui prédomine : partage des racines, pérennité de la tradition, nécessité impérieuse de la mémoire.

5) Non, il n'y a pas nécessité pour la prière d'être liée à Une Foi ; mais j'avoue avoir du mal à concevoir que l'on puisse prier sans avoir la foi, même si celle-ci est floue. En quoi serait-il honnête et sincère de prier sans engagement de soi ?

6) Deux prières sont pour moi à la fois les deux plus belles et les deux plus importantes. Tout d'abord le *Kol nidrey*, chanté le soir de Yom Kippour, et qui prend en compte la faiblesse des hommes, et le *Kaddish* ou prière des Morts. C'est vraiment dans ces deux prières que je trouve une charge affective et émotionnelle qui me transporte réellement, tant les mots sont justes et sobres.

André-Georges G.

Travaille dans la communication, l'édition et la presse depuis une quinzaine d'années. Catholique pratiquant, il a été élevé dans la religion chrétienne autour de deux principes : le respect de l'homme dans sa vérité unique (son unicité) et son libre choix, et la lutte pour les droits inhérents à la condition humaine.

1) Rien n'est plus délicat, avouons-le, que de définir les normes objectives d'un acte de foi qui relève proprement de la vie intérieure. Mais s'il fallait donner une définition, je dirais que « prier », c'est se dépouiller des contingences de notre société pour parler en vérité et le plus simplement possible avec Dieu. Prier, c'est suivre la règle de saint Benoît : « Ne jamais oublier qu'on est devant Dieu. » C'est donc l'utile, le nécessaire, l'absolu qu'il faut communiquer.

2) Dieu bien évidemment, pour la paix et le salut des hommes.

Comment ? C'est la variété qui fait la richesse de la prière. J'aime le *Credo* chanté les dimanches où je vais à la messe, par nostalgie d'un temps lointain, celui de ma jeunesse, où l'insouciance donnait libre accès au rêve ;

– en lisant et relisant de la poésie – littérature que j'aime dans l'absolu ; elle me conduit à une prière intérieure. Jammes, Verlaine, Char... m'entraînent vers le divin ;

– avec mes fils, lorsqu'une relation de confiance unique s'instaure entre nous et que les mots jalonnent des vérités qu'ils m'apprennent et des conseils qu'il faut leur donner en toute humilité ;

– lorsque d'autres (amis, parents) sont conviés devant Dieu (baptême, mariage, enterrement...), je prie avec la ferveur que l'on doit pour le respect de ce qu'ils ont fait – ou feront – sur terre. Cette prière, qui pour moi est la plus forte, est le signe que personne ne peut être jugé sur un paraître déformant. Tout le monde a le droit à la rédemption, à la compréhension et au pardon.

3) Le sens sacré qui est en chaque homme.

4) Cette question recoupe les réponses aux questions précédentes, mais s'il fallait affiner, je compléterais mon propos par une pensée forte qui marque mes réflexions. La prière relève de la sphère du privé et la notion de laïcité – qui est fondamentale dans notre pays frappé par des déchirements religieux et philosophiques notables – doit être en tout lieu et en tout temps respectée. La prière ne doit pas influencer la vie sociale et la vie professionnelle. Cela ne veut pas dire qu'il n'y a pas prière. Non, il ne doit pas y avoir de signe extérieur de prière. Il en va du respect de l'autre et de la diversité des écoles de pensée !

5) Il est évident que oui. Le sens de la prière est pétrifié dans les Eglises. Il est « musicalisé » dans les minarets. Il est silencieux dans la méditation. Il est une recherche constante pour les athées. La prière, c'est un acte de foi : l'homme est en lien avec le Divin. La prière est une des formes de l'art sacré. Et l'art sacré n'est pas l'art religieux. Les arts primitifs ne sont pas que religieux, ils sont sacrés. C'est-à-dire une sorte de rite pour parler des dieux et parler aux dieux.

6) Il n'y a pas de prière « plus importante », il y a des prières qui marquent une vie. Le *Credo*, comme je l'ai dit plus haut. La poésie, *Le Livre des psaumes*, *Les Entretiens spirituels de saint François de Sales* (« Il n'y a nulle si bonne et si désirable finesse que la simplicité »), La Bible dans la traduction de Chouraqui...

Claude Maidenberg

Responsable d'une société en communication culturelle, il répond à ces questions au titre d'agnostique.

Il est délicat pour un agnostique forcené de répondre à la question de la prière. La vie intérieure à laquelle personne n'échappe existe en d'autres termes.

Mes prières seront des vœux, dans une situation de pure impuissance lorsque ne subsiste que l'espérance.

Elles seront méditations et les regards se porteront sur les rapports inaltérables des trois phénomènes qui seuls gouvernent : le temps, l'espace et l'énergie.

Dans la plupart des cas, la recherche de l'action se substituera à la prière, comme une tentative de palliation.

Le domaine de la prière recouvre ces trois dimensions que je répercute sous ces trois formes, la plus belle étant méditative.

Par ailleurs, la prière est religieuse, en tant que manifestation de la Foi. L'appel à Dieu par des formules ou des confidences ne saurait me convenir.

L'agnostique est critique envers la prière. Il ne jure que par la lucidité des visions : « Aide-toi, le Ciel t'aidera ! », et redoute que la prière soit le refuge de l'abandon.

L'âme de la révolte est essentiellement romantique. Elle prononce des vœux, se lance dans l'action. Se nourrit de méditation. Ne s'embarrasse pas de prières. Est pourtant d'essence spirituelle.

Roger-Luc Mary

Ecrivain, journaliste, conférencier, Roger-Luc Mary travaille sur les mouvements spirituels et philosophiques et les phénomènes paranormaux.

1) Lever les yeux au ciel avec au cœur l'indéfinissable sentiment de grandeur et de petitesse serait, à mon humble avis, la paradoxale définition du microcosme qui établit (ou prend conscience de) sa relation avec le macrocosme.

Contrairement à l'enseignement canonique des religions apostates, je ne considère pas la prière comme un acte d'« humilité » proche de l'esclavage. Prier, c'est pénétrer l'Amour Universel qui rend à l'homme sa pleine liberté, et surtout sa pleine confiance. La prière est un « face à face » avec *Dieu* (faute de mieux qualifier), donc avec *Soi-Même*.

2) Je prie PLUS GRAND QUE MOI. Le *maître intérieur* qui m'habite. Le *Frère archétypal* dont je suis le pâle reflet et qui m'appelle, très patiemment, à le réintégrer, avec le droit à l'erreur sans laquelle toute vérité serait inaccessible.

3) La prière n'est pas pour moi un « refuge » dans lequel je ne trouverais que des « consolations psychologiques ». Je

cherche dans la prière le plus grand moyen de communication dont l'homme dispose. Mais, ce qui *indispose* celui-ci est la *grande inconnue* de cette fonction vitale. L'émerveillement cède le pas à la peur. A cet égard, le système religieux n'est pas innocent.

4) Cette question en contient trois et il convient de répondre à chacune le mieux possible.

Ma vie quotidienne ressemble à celle d'autrui, à cette différence notable qu'il m'est impossible d'*oublier* le mystère de la vie, de la mort, de l'amour, de la haine dans toutes mes actions quotidiennes. Comme je ne produis aucun effort pour respirer, je ne produis aucun effort pour ne pas *oublier*. Ma vie quotidienne ne se passe pas à psalmodier une litanie.

Lorsque j'écoute de la musique, *je prie*. Lorsque je suis en désaccord avec quelqu'un, *je prie*. Lorsque j'exécute des travaux ménagers, *je prie*. Lorsque j'écris un livre, *je prie*. Lorsque je fais l'amour (terme impropre à ce que je voudrais exprimer) et que cet amour est partagé, la prière s'exauce d'elle-même : *je suis au seuil de l'essentiel.* ***Deux et Dieu ne font qu'Un***.

Ma vie publique est celle d'un homme de communication. Je me suis « missionné » pour transmettre ce que j'ai reçu, et *prier* mon auditoire de s'en remettre à lui-même sans croire que « ma parole » est celle de l'Evangile. Prier, c'est aussi dire à l'autre qu'il existe, qu'il n'est pas simplement le commun des mortels, mais l'être unique. Telle est, je crois, la fonction de ma vie publique.

Dans ma vie professionnelle, *individuelle* dirais-je, la prière s'avère omniprésente mais sous des formes assez folles qui sont les miennes. L'apparente contradiction et l'humour n'en sont pas les moindres.

Sur le plan rigoureusement individuel, que je livre ici sans la moindre pudeur, ma prière essentielle consiste en ce qu'un rationaliste nommerait schizophrénie : j'entretiens un dialogue *délirant* avec mon *maître intérieur* dont les réponses ne sont ni plus ni moins que surprenantes, dérangeantes à souhait, mais ô combien réalistes.

Je crois très sincèrement que chacun peut (et doit) trouver sa propre voie de la prière. Aucune n'est meilleure par rapport à une autre. Toutes mènent au même but.

5) Il est indubitable que la prière est intimement liée à la Foi, à une Foi.

6) La prière qui me paraît la plus importante est celle qui vient directement du cœur, de l'*ineffable*.

Quant à celle que je trouve la plus belle, l'anticlérical que je suis ne peut s'empêcher d'admirer, et de découvrir le profond ésotérisme du *Notre Père*...

Jean-Paul N.

Avocat de confession israélite, il tient à lier étroitement fondement spirituel de la conscience humaine individuelle et droits de l'homme reconnus ou « en voie de reconnaissance par la communauté internationale, et donc par le groupe humain ».

1) Cette question est la plus difficile de celles qui sont posées ici. En effet, la question fondamentale que vous induisez est : « Comment vivre son rattachement à Dieu, ce qui confère à chaque homme un statut unique. » La prière est l'un des moyens de cette relation si particulière. La prière, c'est le dialogue intériorisé vers le Juste, vers un Dieu de vie. « Soyez saint, car je suis saint, moi, l'Eternel, votre Dieu. »

2) Dieu, bien évidemment, et par là même, l'ensemble de l'humanité.

Comment ? Je n'ai pas de rites qui me sont très particuliers, je respecte les rites liturgiques auxquels je participe.

J'ai souvent recours à la *Haggada*, que l'on nomme parfois *Les narrations* ; elle offre par des aphorismes, des histoires anecdotiques, des relations culturelles décrites, de très beaux textes qui, bien au-delà de l'outil d'enseignement de la Torah, me donne – par son esprit philosophique et moral – ce que vous appelez des « supports de prière ».

Je voudrais dire que la prière collective juive est belle, la gestuelle est complexe à comprendre – peut-être ? – mais elle exprime d'une part un immense respect et d'autre part l'esprit d'une communauté.

Dans les fêtes, qu'elles soient majeures ou mineures, récitatifs et chants, lumière, chant du *hazan* permettent une élévation collective.

Mais, cela peut vous surprendre, je prie dans ma profession. Une plaidoirie est une prière. Ne tombons pas dans un mysticisme désuet, mais reconnaissons que la prière peut dépasser le cadre strictement rituel. N'est-ce pas la « voix de Dieu », et donc notre conscience, qui va fonder les valeurs, le bien et le mal, nous aider à construire une morale collective et un sens moral individuel, puis donner toute sa dimension spirituelle à la vie sociale et donc aux aspects juridiques ?

C'est pourquoi une plaidoirie demeure pour moi une forme de prière : prière pour la défense de la personne individuelle, prière pour que nous trouvions sans cesse le juste équilibre entre pouvoir civil, collectivité, justice humaine, justice divine et respect de la condition humaine. Comme vous le constatez, la tâche n'est pas aisée.

3) Une forme de paix. Une démarche désintéressée de moralisation de nos sociétés. Je cherche, par la prière, à suivre les dix commandements de « Yahvé, le dieu qui a fait sortir son peuple d'Egypte et de la maison de servitude. »

4) Je regrouperai les trois domaines que vous citez – vie quotidienne, publique et personnelle – en un seul : ma vie. La vie est globale. Faut-il vraiment la parcelliser ? La prière aide dans notre quête d'unité de l'humanité et de devoir de respect et de fraternité. Nous ne sommes pas, nous les juifs, détenteurs de la Vérité absolue. C'est Dieu qui est la vérité. Et ce qui, il y a cinquante, soixante-dix ans, paraissait un principe orgueilleux, est aujourd'hui compris par une grande partie de nos frères, de toutes religions. Le monde n'a pas changé, mais tout va plus vite, les idées parviennent dans tous les coins du monde, sont débattues cent fois, mille fois, mais jamais assez.

L'image la plus forte, pour moi, en matière de prière, c'est l'image d'Assise. Je sais que l'œcuménisme ne plaît pas aux plus ardents défenseurs (zélateurs) de toutes les religions. Mais cette image d'Assise a montré que l'on pouvait prier, en communauté, sans pour autant avoir le même Dieu. N'est-ce pas le début de la reconnaissance de la personne humaine ?

5) L'image d'Assise est ma réponse.

6) Le chapitre XX de l'Exode : *Toute personne a le droit au repos et aux loisirs... tout individu a droit à la vie... toute personne a le droit à la propriété... tu ne voleras pas... tu ne porteras pas de témoignage mensonger contre ton prochain...* Ce texte, nous pouvons le réciter chaque jour, en tout ou en partie, dans l'ordre comme dans le désordre. Il est d'une actualité criante, et j'oserais même dire brûlante !

Le deuxième texte est lié au premier, mais est-ce une prière ? C'est la Déclaration des droits de l'homme. Pour moi, c'est une prière, n'en déplaise à beaucoup. C'est la prière d'une humanité pour que la paix et la justice de Dieu soient respectées, toujours et partout.

Philippe Olivier

Journaliste indépendant (presse écrite), spécialisé dans les rubriques Culture, Vie pratique et Société, et auteur du présent ouvrage.

1) Un remerciement et/ou une demande d'assistance – tous deux motivés et portés par l'amour – ce qui revient au même, d'ailleurs, puisque l'on ne remercie et que l'on ne prie jamais qu'un Dieu qui accueille, se met à votre écoute et se rend totalement disponible, témoignant ainsi de sa grandeur et de sa perfection.

2) Dieu, par l'entremise de son fils Jésus-Christ, parce qu'il est Dieu fait homme, justement, et que ce statut « extraordinaire » lui permet tout à la fois d'être celui qui sert et celui qui dépasse ; le Christ qui a dit en substance : nul ne connaît le Père sauf moi ; et nul ne peut aller au Père sans en passer par moi.

Je prie également la mère de Jésus, Marie, dont la proximité physique et spirituelle au Christ lui vaut d'être, elle aussi, une médiatrice active par rapport à Dieu.

Ma prière peut indifféremment emprunter des voies rituelles – récitation de prières usuelles, par exemple – ou personnelles – création de mes propres textes ou simple méditation. Mais elle s'exprime aussi par un état d'esprit, une ouverture aux autres et au monde ou une prise de conscience active que tout ce qui mérite à mes yeux d'être semé, vécu ou espéré trouve sa légitimité, son prolongement et son indélébilité dans le rapport privilégié que l'homme entretient avec Dieu et réciproquement.

3) Etre avec Dieu en allant vers lui dans un élan dynamique sans cesse renouvelé sans lequel je serais incapable de dépasser mes limites puisque les capacités de création

qui me sont données en matière de vie et d'amour ne seraient pas pérennisées sans Lui.

En d'autres termes, je prie pour demander d'être à l'image de Dieu à force d'humilité, de pardon et d'amour – quand cette « ambition » est *a priori* aux antipodes des possibilités humaines. Et quand bien même une telle visée serait réalisable, le but ultime de la prière serait de parvenir à être Dieu pour y renoncer par amour.

Mais ma prière vise aussi à demander à Dieu de nous donner cette capacité d'amour qu'Il a pour l'Homme, afin de s'aimer et d'aimer les autres hommes comme il sait le faire ; et lui demander d'intervenir pour que le bonheur des autres soit à la mesure de ce que notre amour pour eux voudrait qu'il soit, désir que nous ne parvenons pas à réaliser malgré cet amour.

Prier, pour moi, c'est donc demander à Dieu d'être capable de l'accueillir et d'accueillir l'Autre pour succomber à la grâce plénière et éternelle de l'Amour.

4) La prière tient une place importante dans ma vie quotidienne, sociale ou personnelle, puisqu'elle est l'expression concrète d'un élan spirituel essentiel qui conjugue indifféremment la foi, l'amour, l'espérance, l'invocation, la louange et le remerciement.

5) La prière scellant toujours un peu plus l'union avec Dieu me semble, en effet, indissociable de la foi, sans qui elle se limiterait à l'expression d'une volonté ou d'un désir d'ordre exclusivement éthique... même si cette prière vise souvent une puissance supérieure non clairement nommée. Une prière non liée à la foi ne me semble être que l'expression d'un idéal possible, élan affectif ou construction intellectuelle dont la transcendance se bute à la finitude de l'homme. Sans relais divin, la prière n'atteint pas son but et rate son avenir.

6) La prière la plus belle est celle qui se résume aux mots « Je crois », « J'aime » et « Merci » qui trouvent leur expression la plus large et la plus poignante dans les Béatitudes.

La prière la plus importante est, à mes yeux, le *Notre Père* puisqu'elle dit tout de l'Amour qui fonde la relation homme-Dieu et que la Loi qu'elle induit est donnée à vivre de façon libre, joyeuse et naturelle.

Docteur Hocine Rais

Directeur des Affaires culturelles de l'Institut musulman de la mosquée de Paris.

La prière en général est une forme de rapprochement de l'être humain de son supérieur divin pour manifester sa reconnaissance, sa gratitude, son obéissance transcendantale ou bien, dans le cas extrême, exprimer sa soumission envers Dieu.

Par conséquent, la prière en islam – qui représente le deuxième pilier dans l'échelon spirituel après la profession de foi – est une expression physique et morale permanente du croyant « serviteur » envers Allah le Créateur, l'Omniscient, l'Omnipotent absolu.

Dans sa prière, le musulman manifeste encore son humilité, son plaisir profond à se mettre devant la grandeur de Dieu dans sa vie, pas seulement dans le but de démontrer sa soumission volontaire à Allah, le seul maître absolu de l'univers. Mais c'est un cheminement vers la satisfaction de soi-même et la satisfaction de son créateur (Table Servie) – « Allah les a agréés et eux l'ont agréé » ; et traduire sa foi à travers ses prières continues – et particulièrement la prière rituelle – exige, à chaque moment de ces actes d'adoration, la purification physique par les ablutions, et la purification morale par la bonne intention.

L'aboutissement final de tout ceci est la piété, l'éducation vertueuse dans ce monde – car elle repousse la perversité et le blâmable – la sublimation de l'âme et la bonne récompense dans la vie future. La prière, en islam, est un fondement obligatoire parmi les autres piliers : la profession de foi (Chahada), l'aumône légale (Zakat), le jeûne (Ramadan) et le pèlerinage (Hadj). Elle est considérée comme le plus important des piliers car elle représente le pivot central de la religion ; elle est omniprésente : cinq fois par jour (prière obligatoire), et solennelle à d'autres moments – comme la prière du vendredi, des deux grandes fêtes de l'islam (Aid El Fitr – rupture du jeûne – et Aid El Adha – fête du sacrifice). D'autres prières, illimitées dans l'espace-temps pour un rapprochement entre Dieu et son serviteur, sont appelées prières surérogatoires. Le bon croyant, pratiquant la prière convenablement aux deux niveaux social et spirituel, est un homme heureux, bienfaiteur, qui ressemble à un ange sur terre.

Pierre-Jean Ruff

Pasteur de l'église protestante du Foyer de l'Ame, à Paris.

La prière n'est pas un but. Elle est de l'ordre de la communication. Elle n'est donc que moyen. La finalité, c'est la communion, le vivre ensemble. Il ne faut donc pas focaliser l'essentiel sur ce qui n'est qu'outil ou possibilité de progresser dans la relation.

On ne vit pas sans communiquer. La communication passe par la parole – le dire – mais elle ne passe pas que par elle. Il est bien d'autres moyens de communication tout aussi nécessaires que la parole, dont le silence. Nos paroles sont utiles à notre entente, mais si nous ne communions pas au même silence, le principal fait défaut.

Aussi, si prier, c'est dialoguer avec Dieu, ce dialogue ne passe, et de loin, pas par la seule parole et encore moins par la seule requête.

Il faut donc dialoguer, communiquer, mais toujours en vue de l'essentiel : la rencontre, le partage de la communion.

La discipline dans la prière s'impose-t-elle ?

C'est affaire de personnalité. Certains ont besoin, là comme ailleurs, de choses bien cadrées et organisées alors que pour d'autres cela ne s'impose pas. Egalement, selon les moments et les étapes de l'existence, nous pouvons avoir besoin de davantage de discipline dans notre vie spirituelle.

Dois-je l'avouer ? Je ne prie presque jamais – au sens rituel du mot. En revanche, j'ai presque toujours le sentiment fort de la présence de Dieu à mes côtés. N'est-ce pas ce que requièrent les vrais mystiques ?

En fait, selon la représentation de Dieu que nous avons, nous croirons plus ou moins à la nécessité des rites et des pratiques religieuses. Or, pour moi, c'est clair : Dieu est toute bienveillance, amour et liberté. Aussi, la discipline, dans la prière comme ailleurs, c'est très bien pour ceux qui s'y épanouissent. Mais, de grâce, n'en faites pas une obligation pour tous !

Si la prière est UN moyen pour nous approcher de Dieu, non seulement elle n'est pas obligatoire dans sa forme mais, de plus, elle ne s'épuise pas dans l'abondance des requêtes. Prier n'est alors plus attendre de Dieu une foule de bienfaits, comme s'il était un distributeur automatique de faveurs. Prier, c'est créer et entretenir une union spirituelle, sans aucune préoccupation d'avantages matériels. De ce fait, une seule chose prime :

recevoir l'Esprit, vivre de l'inspiration de Dieu, de sorte que ce soit nous qui accomplissions sur terre l'œuvre et la volonté de Dieu et non l'inverse.

Prière et action sont ainsi les deux moments complémentaires de la foi.

Prier m'ouvre aux dimensions de l'universel, donc de l'amour. Prier m'achemine vers la joie de la mystique.

Sans cela, la prière n'est rien.

Myra Frapier Saab

Etudiante en histoire, mariée, 25 ans. Prépare une thèse sur l'histoire du Liban. Catholique maronite.

1) La prière est un acte de recueillement libre, privé, qui met en relation un être visible et une présence spirituelle à laquelle l'être tend à croire. Dans un lieu de culte, elle s'accompagne d'une certaine discipline, discrète mais nécessaire au respect qu'elle comporte (mains jointes, genoux serrés, pas de laisser-aller).

2) Je prie un Dieu chrétien, universel, polyglotte, immatériel et omniprésent. Les textes de la Bible et de l'Evangile ne me donnent aucune vision concrète de Dieu. Je ne les connais pas suffisamment. J'en garde un souvenir puéril, scolaire, où images simplistes et dessins évangéliques en faisaient un sublime conte divinatoire.

L'image de la Trinité est celle que je garde en tant qu'adulte. Mais c'est aussi celle qui complexifie nettement la personne divine. C'est pourquoi je ne cherche plus à donner un visage précis au Dieu que je prie. Il est une présence indéfinissable.

3) Une relation bilatérale, transcendante, liée à une présence que je ne cesse de mettre en doute, de heurter, d'invoquer, quelquefois même d'insulter.

La prière est un dialogue profond où les valeurs habituelles de partage s'effacent totalement devant celle de la spiritualité pure. Je parle et je n'ai aucune preuve que l'on m'écoute. Je demande, mais je peux parfaitement ne rien obtenir. Je questionne et n'obtiens souvent pas de réponse. C'est-à-dire que la réciprocité que l'on exige communément à l'égard d'une personne qu'on aime n'est pas traduite dans les mêmes termes. L'homme se manifeste concrètement et il accepte une « écoute immatérielle ». Il n'exige pas d'échanges de bons services.

4) Aucune place dans la vie publique, sauf quand je vais à la messe, c'est-à-dire environ une fois par mois et pour les grandes fêtes de l'année. En revanche, la prière occupe une place importance et spontanée dans ma vie privée. Je vais souvent prier seule dans une église, à n'importe quel moment de la journée. Je prie souvent le soir. Je prie aussi quand je suis soucieuse ou reconnaissante.

5) Cette question me laisse perplexe. La prière est un acte intime et volontaire lié à une conception personnelle de la foi. Il n'y a pas de foi unique, standard pour toute l'humanité. La seule chose dont je suis certaine est qu'elle doit être liée à un Dieu et pas à des divinités diverses et confuses.

6) Ma culture religieuse est très insuffisante. Je pense que les prières en arabe sont plus émouvantes que les prières en français. De même, celles adressées à la Vierge sont souvent bouleversantes. Personnellement, j'ai un grand respect pour le *Notre Père* que je dis en utilisant exclusivement le vouvoiement.

TROISIÈME PARTIE

LES ARTS, SUPPORTS DE LA PRIÈRE

« Les arts sacrés sont les très nobles serviteurs de la liturgie. »

Pie XII*, Mediator Dei, *1947

«... Fais que les vaines apparences de ce bas monde
soient le miroir des manifestations de ta beauté,
mais qu'elles ne nous cachent pas ton existence,
ni ne nous éloignent de toi... »

Djami*, Rayons de lumière, *1414-1492

« L'artiste essaie d'élever le niveau de son regard. L'esthétique est la mère de l'éthique. Plus nous sommes en contact avec des œuvres de valeur, meilleurs nous devenons. [...]
L'art est tout simplement un phénomène anthropologique. Il montre à l'être humain ce qu'il doit devenir... »

Iossip Brodski, prix Nobel de littérature,
Le Figaro, *12 décembre1987*

« Puisque l'Invisible s'étant revêtu de chair apparut visible, qu'on représente désormais la ressemblance de celui qui s'est montré. »

Saint Jean Damascène, 843

Arts plastiques

La liste d'œuvres d'art inspirées par la spiritualité – peintures, mosaïques, grandes réalisations architecturales, etc. –, présentée ci-dessous n'est pas exhaustive, loin s'en faut ; elle n'est là que pour suggérer quelques thèmes de réflexion ou de méditation, chacun restant libre de la compléter en fonction de sa sensibilité et de ses goûts. Car l'essentiel n'est pas dans la quantité, mais dans la qualité, dès lors que l'on a compris que l'art est une forme d'expression poétique qui entretient, souvent, des rapports privilégiés avec la prière ; et ce, depuis que les religions existent.

Encore faut-il dépasser le simple cadre de l'esthétique pour se laisser toucher par la dimension spirituelle des œuvres d'art : tableaux, sculptures, pièces musicales, réalisations architecturales, etc. Vous en trouverez autour de vous – dans les livres et les expositions, au fil de concerts diffusés par la radio et la télévision, dans votre ville, votre région ou lors de vos différents voyages. Toutes sont porteuses de sens et incitent ceux qu'elles émeuvent à la prière.

- *Livre d'Isaïe*, manuscrit de Qumrân, Israel Museum, Jérusalem (abords de l'ère chrétienne) ;
- les ruines de l'éperon rocheux de Massada, témoignage de la résistance juive face aux Romains (IIe siècle av. J.-C.–IIe siècle ap. J.-C.) ;
- *Jonas jeté à la mort*, fresque de la catacombe de la Via Anapo, Rome (IIIe siècle) ;
- *Daniel dans la fosse aux lions*, fresque de la catacombe des Giordani, Rome (IIIe-IVe siècle) ;
- *le Reniement de Saint-Pierre*, fresque de la catacombe de Comodile, Rome (IIIe-IVe siècle) ;
- l'église San Vitale, Ravenne (VIe siècle) ;
- mosaïque de la porte du ciel de la synagogue de Beth-Shéam, Israel Museum, Jérusalem (VIe siècle) ;
- la mosquée d'Omar dite la « Coupole du Rocher », Jérusalem (VIIe siècle) ;
- *la Crucifixion*, fresque de la chapelle des saints Quirico et Giullita, église Sainte-Marie antique, Rome (VIIIe siècle) ;

Par ses bras et ses mains ouverts, ce moine concrétise de façon très physique la double démarche de la prière, tout autant demande de bienfaits spirituels qu'accueil confiant et sans réserve de la grâce divine
(moine du Bronx, New York, USA © L. Adrian/Alpha Oméga)

Devant le Mur des Lamentations, à Jérusalem, la prière s'inscrit simultanément dans le présent et dans l'Histoire, renouvelant ainsi activement l'alliance de l'Homme avec le Créateur
(© John Pole/Alpha Oméga)

Agenouillé ou accroupi, le priant manifeste son humilité face au Dieu à qui s'adresse sa prière,
le rameau végétal symbolisant le lien vivant qui les lie à jamais
(Birman en prière avec fleurs en offrande © F. Dumortier/Alpha Oméga)

Le rite immuable de la prière islamiste – agenouillé, le priant baisse plusieurs fois le front jusqu'à toucher le sol – traduit à merveille le respect, l'abandon et l'abnégation de l'Homme à l'égard de l'Amour, de la grandeur et de la puissance divine (© L. Maréchaux/Alpha Oméga)

- la chapelle palatine, Aix-la-Chapelle (789-805) ;
- minaret de la mosquée de Mutawakkil, Samarra (milieu du IXᵉ siècle) ;
- le reliquaire de l'Evangéliaire de Saint-Molaise, Musée national irlandais, Dublin (1025 env.) ;
- la basilique Saint-Ambroise, Milan (XIᵉ siècle) ;
- l'église Saint-Michel, Nevers (1063-1097) ;
- la basilique Saint-Marc, Venise (1063-1094) ;
- l'autel d'or de Bâle, musée de Cluny, Paris (XIᵉ siècle) ;
- *l'Ascension*, relief sur ivoire, Victoria and Albert Museum, Londres (1140 env.) ;
- l'église Saint-Michel, Pavie (1004-1135) ;
- la basilique Sainte-Madeleine, Vézelay (XIIᵉ siècle) ;
- la basilique Saint-Denis, Saint-Denis (1137-1144) ;
- la tour Hassan, Rabat (1197) ;
- *Jésus au mont des Oliviers*, mosaïque de la basilique Saint-Marc, Venise (début du XIIIᵉ siècle) ;
- la cathédrale, Mayence (XIᵉ-XIVᵉ siècles) ;
- *le mont Saint-Michel et l'archange qui domine le mont* (XIIᵉ-XIIIᵉ siècle) ;
- la cathédrale Notre-Dame, Paris (1163-1250) ;
- *l'Onction du corps du Christ,* miniature du *Psautier d'Ingeburge*, musée Condé, Chantilly (1200 env.) ;
- synagogue la Blanca, Tolède (1203) ;
- le portail du Jugement, cathédrale Notre-Dame, Paris (1220 env.) ;
- le portail de la Vierge dorée, cathédrale d'Amiens (1230 env.) ;
- *le Jugement dernie*r, tympan du portail des Princes de la cathédrale, Bamberg (1232 env.) ;

- *l'Echelle de Jacob,* miniature du *Psautier de Saint-louis*, Bibliothèque nationale, Paris (1256) ;
- *la Nativité de la Vierge* du Maître de San Martino, Musée national, San Matteo (1260-1270) ;
- *Vierge à l'enfant* de Cimabue, musée du Louvre (1272-1275 env.) ;
- *la Dernière Cène et l'Arrestation du Christ*, portail principal de la cathédrale, Strasbourg (1280 env.) ;
- *la Belle Madone*, sculpture de l'école d'Ile-de-France, musée du Louvre (XIVe siècle) ;
- *Crucifixion*, fresque de la cathédrale de Pampelune (1330) ;
- *la Crèche de Greccio* de Giotto, basilique Saint-François à Assise (XIVe siècle) ;
- *la Vierge de tous les saints* de Giotto, galerie des Offices, Florence (XIVe siècle) ;
- la Synagogue Pinkas, Prague (XIVe siècle) ;
- les miniatures de l'édition du XIVe siècle du *Guide des égarés* de Mainmonide, Bibliothèque nationale, Paris ;
- *les Sept Dormants d'Ephèse*, miniature conservée au musée du Topkapi, Istanbul (XIVe siècle ?) ;
- *Piété de saint Rémi* de Giottino, galerie des Offices, Florence ;
- *le Chemin de croix* de Simone Martini, musée du Louvre (XIVe siècle) ;
- *le Baptême du Christ*, relief de la porte du baptistère de Andrea Pisano, Florence (1330-1336) ;
- l'église abbatiale de Saint-Ouen, Rouen (XIVe-XVe siècle) ;
- *Mahomet arrivant au cinquième ciel*, enluminure d'Hérat pour *l'Apocalypse de Mahomet*, Bibliothèque nationale, Paris (1436) ;
- *Adam et Eve chassés du Paradis* de Giovanni di Paolo, coll. Lehmann, New York (XVe siècle) ;
- *le Miracle de Saint-Quentin*, tapisserie, musée de Cluny, Paris (XVe siècle) ;

- *la Pâque juive*, détail du tryptique de la *Dernière cène* de Dierick Bouts, église Saint-Pierre, Louvain (XVe siècle) ;
- *la Nativité* de Martin Schongauer, Ancienne Pinacothèque, Munich (XVe siècle) ;
- *Vierge à l'enfant* de Paolo Uccello, Semenzato (XVe siècle) ;
- *la Présentation au temple*, sculpture en marbre, musée de Cluny, Paris (XVIe siècle) ;
- *Adam et Eve* de Dürer, musée du Prado, Madrid (1507) ;
- *Retable de Jean des Trombes* de Gérard David, Musée communal, Bruges (XVIe siècle) ;
- *Sainte Marie Madeleine* du Pérugin, Palais Pitti, Florence (1500 env.) ;
- *la Sainte-Famille, dit « Tondo Doni »* de Michel-Ange, galerie des Offices, Florence (1503) ;
- *la Vierge et l'Enfant avec sainte Anne* de Léonard de Vinci, musée du Louvre (1506 env.) ;
- *le Péché originel*, fresque dé la chapelle Sixtine, Michel-Ange (1508-1512) ;
- icône de saint Sebas de Jérusalem, trésor de l'église du monastère de Decani, ex.-Yougoslavie (XVIe siècle) ;
- *le Calvaire* de Véronèse, musée du Louvre (XVIe siècle) ;
- *la Vision de saint Jean* du Greco, Metropolitan Museum, New York (XVIe siècle) ;
- la mosquée du Sultan Ahmet, dite « Mosquée bleue », Istanbul (1609-1616) ;
- la mosquée du Roi, Ispahan (1632-1637, période Séfévide) ;
- la gravure de la *Parabole de la lampe* de Jan Houwens, Société de l'histoire du protestantisme français (XVIIe siècle) ;
- *la Flagellation du Christ* du Caravage, San Domenico Maggiore, Naples (début XVIIe siècle) ;
- la colonnade de Saint-Pierre du Bernin, Rome (XVIIe siècle) ;
- *l'Extase de sainte Thérèse*, Le Bernin, église Sainte-Marie-de-la-Victoire, Rome (XVIIe siècle) ;

- *les Pèlerins d'Emmaüs* de Rembrandt, musée du Louvre (1628) ;
- *Moïse sauvé des eaux* de Poussin, musée du Louvre (1645-1647) ;
- le groupe de *la Nativité* d'Anguier, église du Val-de-Grâce, Paris (1662-1667) ;
- l'église Notre-Dame-de-la-Gloriette, école de Jules-Hardouin Mansart, Caen (1684-1687) ;
- *la Gloire de saint Ignace*, fresque de Pozzo, voûte de l'église Saint-Ignace de Rome (1685-1694) ;
- *la coupole de l'église du Val-de-Grâce* de Mignard, Paris (1665 env.) ;
- *Mariage juif* de Pietro Longhi, Israel Museum, Jérusalem (XVIIIe siècle) ;
- gravure coloriée du Grand Sanhédrin, Bibliothèque Thiers, Paris (1807) ;
- *Satan frappant Job d'un ulcère malin* de William Blake, Tate Gallery, Londres (1825) ;
- *la Mort d'Abel* de Giovanni Dupré, galerie d'art de Florence (1842) ;
- *la Cathédrale de Rouen* de Claude Monet, musée d'Orsay, Paris (1884) ;
- *la Vision après le sermon* de Paul Gauguin, National Gallery of Scotland, Edimbourg (1888) ;
- *l'Eglise d'Auvers* de Van Gogh, musée d'Orsay, Paris (1890) ;
- *la Porte de l'enfer*, sculpture d'Auguste Rodin, musée Rodin, Paris (1890) ;
- *le Lavement des pieds* de Ford Madox Brown, Tate Gallery, Londres (1890) ;
- *le Christ jaune* de Paul Gauguin, Albright-Knox Art Gallery, Buffalo (1893) ;
- *le Christ en croix*, Odilon Redon, musée d'Orsay, Paris (1910 env.) ;

- synagogue de la rue Pavée, Hector Guimard, Paris (1914) ;
- Notre-Dame du Raincy, première église en béton, Auguste Perret (1923) ;
- *la Sagrada Familia*, Antonio Gaudi y Cornet, Barcelone (1883-1926) ;
- *la Sainte Face* de Georges Rouault, musée d'Art moderne de Paris (1933) ;
- *le Prophète*, sculpture de Pablo Gargallo, musée d'Art moderne, Paris (1933) ;
- *la Crucifixion* de Salvador Dali ;
- *Passion* de Georges Rouault, musée d'Art moderne, Paris (1949) ;
- l'église d'Assy (Haute-savoie), Novarina (1950) ;
- l'église de la Toussaint, Hermann Baur, Bâle (1950) ;
- fonds baptismaux de l'église de la Toussaint, Hans Arp, Bâle (1950) ;
- la chapelle du Rosaire de Vence, Henri Matisse (1951) ;
- synagogue de Milan, Urbino et Gentile (1954) ;
- la chapelle de Ronchamp, Le Corbusier (1955) ;
- le couvent dominicain de La Tourette, Le Corbusier (1960) ;
- synagogue de Beth Sholem, Frank Lloyd Wright, Ilkins Park (1958) ;
- la cathédrale de Brasilia, Oscar Niemeyer (1963) ;
- Monument aux victimes de la Shoah, musée de la Shoah, Jérusalem ;
- mosquée africaine de Ferkessédougou, Côte d'Ivoire ;
- mosquée moderne d'Abu Dhabi, capitale des Emirats Arabes Unis ;
- la basilique de Yamoussoukro, Côte d'Ivoire (1985-1988) ;
- la cathédrale d'Evry (1995).

Dans cette liste nous avons relativement peu sélectionné d'œuvres mariales. Et pourtant ! S'il y a bien un thème religieux qui fut source d'inspiration en peinture comme en sculpture, c'est bien celui de la Vierge.

C'est un thème plutôt qu'un sujet, car qui a vu son visage, si ce n'est en prière ?

Par quel mystère une femme, « Notre Dame », toujours la même, fut-elle l'objet de tant de tendresse, de tant d'admiration, de tant d'interprétations ? Avec un sentiment de respect, tous les artistes l'ont traitée. Il s'agit de bien autre chose que de représenter Déméter, Vénus ou Orphée... Il s'agit de représenter la transcendance faite femme.

Les thèmes iconographiques abordés sont :

– la Vierge-mère à la crèche ;
– la Vierge nourricière ;
– la Vierge en majesté divine et royale ;
– la Vierge de tendresse et de pardon ;
– la Vierge de douleur ;
– les larmes de la Vierge-mère ;
– la Vierge et la famille ;
– le sourire de la Vierge-mère ;
– la Vierge symbolique et allégorique.

Tous ces types de représentations donnèrent lieu à des types de prières en direction de cette femme si profondément humaine et si divine.

Toi qui vins me sourire au matin de la vie
Viens me sourire encore..., Mère voici le soir !
disait sainte Thérèse de Lisieux.

Dans ses langes blancs, fraîchement cousus,
la Vierge berçait son Enfant Jésus
lui gazouillait comme un nid de mésanges.
Elle le berçait et chantait tout bas
Ce que nous chantons à nos petits anges.
Mais l'Enfant Jésus ne s'endormait pas...

Combien d'artistes ont travaillé en entendant cette berceuse d'Alphonse Daudet : Fantin-Latour, Félix Lacaille, Paul-Hippolyte Flandrin, Yperman, et bien d'autres encore...

Et toutes les sculptures de notre Moyen Age et de la Renaissance française ne sont-elles pas marquées de la familière requête de Pierre de Nesson :

... Je vous supplie,
Donnés-nous, ma dame Marie,
la doulce perpétuelle vie,
laquelle doint par sa puissance,
la très haulte divine Essence,
un Dieu régnant en III personnes,
A tous les Nesson et Nessonnes...

Ne voyons-nous pas, en lisant ces vers, sous nos yeux défiler : la Vierge de Saint-Gengoulf, à Metz (XIIe siècle), la Vierge de Reims (1175), la Vierge allaitant de Notre-Dame-du-Port (XVe siècle), la Vierge de Varangéville (XIVe siècle), etc.

Et le rondeau du miracle scénique, de Robert le diable, la célèbre, en résumant en peu de mots les prières les plus usuelles qui lui sont adressées :

Vierge royale, Fille et Mère
Au tout puissant créateur
Douce à tous, à nul amère,
Sur toutes Fleurs de douceur.

Musique

La musique sacrée est aussi porteuse d'émotions, de recueillement et de prière. Pour s'en convaincre, citons quelques œuvres majeures du répertoire occidental qu'il est possible d'écouter dans cette perspective. De par leur profondeur mystique et leur puissance d'évocation, elles peuvent favoriser, soutenir et renforcer l'élan singulier qui porte l'homme à entrer en dialogue avec Dieu. Citons :

- le *Te deum* de Marc-Antoine Charpentier ;
- de Jean-Sébastien Bach les cantates n° 80, n° 104, le choral *Ich ruf' zu Dir, Herr Jesu Christ, la passion selon saint Jean, la passion selon saint Matthieu* ;
- *le Messie* de Haendel ;
- le *Stabat Mater* de Pergolèse ;
- *les Sept Dernières paroles de notre Rédempteur sur la croix* de Haydn ;
- le *Requiem* de Mozart ;
- la *Missa Solemnis* de Beethoven ;
- l'*Ave Maria* de Franz Schubert ;
- le *Miserere* de Donizetti ;
- le *Requiem* de Berlioz ;
- l'*Ave Maria* de Gounod ;
- le *Stabat Mater* de Dvorak ;
- le *Requiem* de Fauré ;
- la *Messa di Gloria* de Puccini ;
- *Douce nuit* de Joseph Mohr et Franz Gruber
- le *Saint François d'Assise* de Messiaen ;
- le *Momente* de Stockhausen ;
- la *Missa cum Kubilo* de Gilbert Amy ;
- les *gospels* et les *negro spirituals*, etc.

Dans le cadre de la prière on passe d'une esthétique de l'œuvre au recueillement et à la contemplation, d'une esthétique de la célébration suivie d'une phase d'émerveillement. Rappelons-nous cette citation du musicien Jolivet : « Je reste persuadé que la mission de l'art musical est humaine et religieuse (dans le sens *religiare*). »

Prière et poésie dans la tradition chrétienne

Où commence la poésie ? Où finit la prière ? Bien malin qui pourrait clairement définir la limite, tant il est vrai que les plus belles invocations sont naturellement portées par une grâce d'images et de style exemplaires. Ce qui s'explique d'ailleurs aisément par la hauteur et l'authenticité mêmes de l'inspiration requises dans ce genre d'exercices spiritualo-littéraires qui, s'adressant explicitement ou implicitement à Dieu, impliquent une perfection formelle, tant technique qu'esthétique, en rapport direct avec leur visée.

Prier avec de tels mots est donc particulièrement propice à la méditation. A preuve, le Cantique des cantiques, texte à l'extraordinaire puissance d'évocation qui constitue l'un des plus beaux trésors de l'histoire humaine dont nous reproduisons un extrait :

J'entends mon Bien-Aimé.
Voici qu'il arrive,
sautant sur les montagnes,
bondissant sur les collines.
Mon Bien-Aimé est semblable à une gazelle,
à un jeune faon.
Voilà qu'il se tient
derrière notre mur.
Il guette par la fenêtre,
il épie par le treillis.
Mon Bien-Aimé élève la voix,
il me dit :
« Viens donc, ma Bien-aimée,
ma belle, viens.
Car voilà l'hiver passé,
c'en est fini des pluies, elles ont disparu.
Sur terre les fleurs se montrent.
La saison vient des gais refrains,
le roucoulement de la tourterelle se fait entendre,
sur notre terre.
Le figuier forme ses premiers fruits
et les vignes en fleur exhalent leur parfum.
Viens donc, ma Bien-aimée,
ma belle, viens ! »

De même, la très belle traduction anonyme (XVIIIe siècle) du *Te Deum*, prière de louange et d'invocation conçue entre le Ve et le VIIe siècle :

Notre voix te bénit, notre cœur te révère,
Grand Dieu souverain Maître, inconcevable Père.
Tes enfants, répandus en cent climats divers,
T'adorent comme Roi de ce grand univers.
Les célestes esprits qui vivent de toi-même
Relèvent à l'envi ta puissance suprême :
Des Trônes, des Vertus les chœurs étincelants,
Les sages Chérubins, les Séraphins brûlants
Chantent dans les concerts de leurs voix enflammées :
Saint, Saint, Saint est le Dieu, le Seigneur des armées !

Ta grandeur invincible et visible en tous lieux
Remplit le vaste enclos de la terre et des cieux.
Les Douze qui ton Verbe au monde ont fait connaître,
Les Prophètes dont l'œil vit ce qui devait être
Et de tes saints Martyrs l'escadron généreux
Rendent gloire à ton nom qui les rend Bienheureux.
Du midi jusqu'au nord, de l'Inde jusqu'au Tage,
L'Eglise, une en tous lieux, rend un céleste hommage :
A toi, Père éternel, source de majesté,
A ton unique Fils, rayon de ta clarté,
A ton divin Esprit qui par les saintes flammes
Guérit seul tous nos maux et console nos âmes !

O Jésus, Roi de gloire, égal au Dieu très-haut,
Miroir de la splendeur sans tache et sans défaut,
Tu n'as pas dédaigné pour sauver tout le monde
D'entrer dans l'humble sein d'une Vierge féconde,
Vainqueur même en la Croix par un divin effort,
Mourant, tu fis mourir l'aiguillon de la mort,
Et sortant du tombeau tu rouvris aux fidèles
Du céleste palais les portes éternelles.
Tu règnes dans l'Olympe, assis au plus haut lieu
Dans la gloire du Père à la droite de Dieu,
Et nous croyons qu'un jour, armé de ton tonnerre,
Tu viendras dans les airs juger toute la terre.

Combats donc pour les tiens et protège des cieux
Les captifs rachetés de ton sang précieux,
Mets-nous parmi les saints que ton Père te donne

Pour porter avec toi ta royale couronne.
Seigneur, sauve ton peuple, assiste tes enfants,
Fais vaincre tes soldats et les rends triomphants.
Avant que le grand astre ouvre au ciel la carrière
Nos voix pour te bénir préviennent sa lumière.
Guide aujourd'hui nos pas, aide-nous à marcher,
Pardonne nos péchés, garde-nous de pécher ;
L'homme peut te servir, n'ayant rien de soi-même,
Toute notre espérance est ta Bonté suprême ;
C'est notre unique appui, notre bien, notre paix :
Qui n'espère qu'en toi, ne périra jamais.

L'épitaphe de Villon

Pour être hors-la-loi, François Villon n'en fut pas moins poète. Et qui dit poésie, dit amour, compassion et tendresse. Sans être une prière au sens spirituel du terme, son épitaphe magnifie les grandes valeurs chrétiennes dans un style dont la sobriété franche et directe souligne à chaque instant l'authenticité de la démarche. Véritable élan de foi, d'espérance et de charité, ce texte aux accents profondément humains trouve donc naturellement sa place parmi les prières les plus belles de la chrétienté.

Frères humains qui après nous vivez,
N'ayez les cœurs contre nous endurcis,
Car, si pitié de nous povres avez,
Dieu en aura plus tôt de vous mercis.
Vous nous voyez ci attachés cinq, six :
Quand de la chair, que trop avons nourrie,
Elle est piesça (depuis longtemps) *dévorée et pourrie,*
Et nous, les os, devenons cendre et poudre.
De nostre mal personne ne s'en rie ;
Mais priez Dieu que tous nous veuille absoudre !

Si frères, vous clamons, pas n'en devez
Avoir dédain, quoique fumes occis
Par justice. Toutesfois, vous sçavez
Que tous hommes n'ont pas bon sens rassis ;
Excusez-nous, puisque sommes transis (morts) ,
Envers le fils de la Vierge Marie,
Que sa grâce ne soit pour nous tarie,
Nous préservant de l'infernale foudre.

Nous sommes morts, âme ne nous harie (tracasse) ;
Mais priez Dieu que tous nous veuille absoudre !

La pluye nous a debués et lavés,
Et le soleil desséchés et noircis ;
Pies, corbeaulx, nous ont les yeux cavés,
Et arraché la barbe et les sourcils.
Jamais nul temps nous ne sommes assis ;
Puis ça, puis là, comme le vent varie,
A son plaisir sans cesser nous charrie,
Plus becquetés d'oiseaux que dés à coudre.
Ne soyez donc de notre confrérie ;
Mais priez Dieu que tous nous veuille absoudre !

Prince Jésus, qui sur tous a maistrie,
Garde qu'Enfer n'ait de nous seigneurie :
A luy n'ayons que faire ni que soudre (payer).
Hommes, icy n'a point de mocquerie ;
Mais priez Dieu que tous nous veuille absoudre !

Le « Credo » de Clément Marot

la mise en rimes du *Credo* chrétien ne constitue pas une simple transposition de cette célèbre prière, mais participe d'une véritable recréation, pour autant que l'on admette que le poète ait mis son art au service de sa foi. En ce sens, prière et poésie se rejoignent parfaitement, et s'enrichissent l'une l'autre dans cette union superbe de rythme, de musique et de ferveur.

Je croy en Dieu le Pere tout puissant,
Que crëa Terre, et Ciel resplendissant :
Et en son Filz unique Jesuchrist
Nostre Seigneur conceu du Sainct Esprit :
Et de Marie entiere Vierge né :
Dessoubz Pylate à tort passionné :
Crucifié, mort, en Croix estendu,
Au Tumbeau mis, aux Enfers descendu,
Et qui de mort reprint vie au tiers jour,
Monta lassus au celeste séjour
Là où il sied à la Dextre du Pere,
Pere eternel, qui tout peult et tempere :
Et doibt encor' de la veni icy
Juger les morts, et les vivants aussi.

Au Sainct Esprit ma ferme foy est mise :
Je croy la saincte, et Catholique Eglise
Estre des Sainctz, et des Fideles une
Vraye union, enre eulx en tout commune :
De nos pechez pleine remission :
Et de la chair la resurrection :
Finablement croy la vie eternelle.
Telle est ma Foy, et veulx mourir en elle.

« Cantique de l'âme où elle chante l'heureuse aventure qu'elle a eu à passer par l'obscure nuit de la foi, en nudité et purgation à l'union de son bien-aimé »

La thématique de la nuit, essentielle dans l'œuvre de Jean de la Croix (1542-1591), est reprise dans ce véritable poème mystique avec une grâce toute particulière. Rédigé tandis que l'auteur se trouvait en prison à Tolède, ce texte dont la simplicité est directement proportionnelle à la profondeur, n'utilise des symboles et images concrètes – la nuit, justement, mais aussi la course vers le bien-aimé – que pour mieux les dépasser. Le mouvement esquissé dans l'univers quotidien et tangible trouve ainsi son prolongement naturel dans la fuite impérieuse, volontaire et lucide vers un ailleurs magnétique. Pour cela, il faut en passer par la plus terrible des expériences qui soient : l'obscurité totale qui noie tous les repères, dissout les apparences comme les certitudes, gomme le centre et détruit tous les équilibres. Alors seulement l'âme peut-elle trouver son chemin vers ce qui est, dure et perdure au-delà de tout, à savoir le Dieu désiré qui se révèle à elle dans son essence même.

A l'ombre d'une obscure nuit,
D'angoisseux amour embrasée,
O l'heureux sort qui me conduit,
Je sortis sans être avisée,
Le calme tenant à propos
Ma maison en un doux repos.

A l'obscur, mais hors de danger,
Par une échelle fort secrète,
Couverte d'un voile étranger
Je me dérobai en cachette
(Heureux sort !) quand tout à propos
Ma maison était en repos.

En secret, sous le manteau noir
De la Nuit, sans être aperçue,
Où que je pusse apercevoir
Aucun des objets de la vue,
N'ayant ni guide, ni lueur,`
Que la lampe ardente en mon cœur.

Ce flambeau luisant me guidait,
Plus sûr que la torche allumée
Du plein midi où m'attendait
Celui que j'avais en pensée,
Là où nul vivant sous les Cieux
Ne se présentait à mes yeux.

O Nuit qui me conduis à point !
Nuit plus aimable que l'aurore !
Nuit heureuse qui a conjoint
L'Aimée à l'aimé, mais encore
Celle que l'amour a formée,
Et en son Amant transformée.

Dans mon sein parsemé de fleurs,
Qu'entier soigneuse je lui garde,
Il s'endort, et pour ces faveurs,
D'un chaste accueil je le mignarde,
Lors que l'éventail ondoyant
D'un Cèdre le va festoyant.

L'aurore par ses doux Zéphyrs,
Ayant espars sa chevelure,
Mit sa main pleine de saphirs
Sur mon col flattant ma blessure,
Lors sa douceur tint en suspens
L'entier usage de mes sens.

Je me tins coi, je m'oubliai,
Penchant sur mon ami ma face,
Tout cessa, je m'abandonnai,
Remettant mes soins à sa grâce :
Comme étant tout enseveli
Dans le beau parterre des Lys[38].

[38] Traduit par le R.P. Cyprien de la Nativité de la Vierge, carme déchaussé.

« Splendeur de la gloire du Père »

Cette prière-poème a été directement inspirée à Racine par un hymne de saint Ambroise (IVe siècle), *Splendor Paternae Gloriae*, dont elle constitue à vrai dire une simple transcription dans le langage du XVIIe siècle. Dans sa version originale, cet hymne fut très longtemps chanté dans les églises catholiques, le lundi, dans le cadre de l'office du matin.

Source ineffable de lumière,
Verbe, en qui l'Eternel contemple sa beauté,
Astre, dont le soleil n'est que l'ombre grossière,
Sacré jour, dont le jour emprunte sa clarté ;

Lève-toi, Soleil adorable,
Qui de l'éternité ne fais qu'un heureux jour ;
Fais briller à nos yeux ta clarté secourable,
Et répands dans nos cœurs le feu de ton amour.

Prions aussi l'auguste Père,
Le Père dont la gloire a devancé les temps,
Le Père tout-puissant en qui le monde espère,
Qu'il soutienne d'en haut ses fragiles enfants.

Donne-nous un ferme courage ;
Brise la noire dent du serpent envieux ;
Que le calme, grand Dieu, suive de près l'orage ;
Fais-nous faire toujours ce qui plaît à tes yeux.

Guide notre âme dans ta route,
Rends notre corps docile à ta divine loi ;
Remplis-nous d'un espoir que n'ébranle aucun doute,
Et que jamais l'erreur n'altère notre foi.

Que Christ soit notre pain céleste ;
Que l'eau d'une foi vive abreuve notre cœur :
Ivres de ton esprit, sobres pour tout le reste,
Daigne à tes combattants inspirer ta vigueur.

Que la pudeur chaste et vermeille
Imite sur leur front la rougeur du matin ;
Aux clartés du midi que leur foi soit pareille ;
Que leur persévérance ignore le déclin.

L'aurore luit sur l'hémisphère :
Que Jésus dans nos cœurs daigne luire aujourd'hui,
Jésus, qui tout entier est dans son divin Père,
Comme son divin Père est tout entier en lui.

« Parle, Parle Seigneur… »

Avec cette traduction en vers d'un des passages de l'*Imitation de Jésus-Christ* (XIVe- XVe siècle), le tragédien Pierre Corneille met tout son art au service d'une quête spirituelle qui se singularise par un appel direct et personnel à Dieu qui donne toute intimité à cette noble prière.

Parle, parle, Seigneur, ton serviteur écoute :
Je dis ton serviteur, car enfin je le suis ;
Je le suis, je veux l'être, et marcher dans ta route
Et les jours et les nuits,

Remplis-moi d'un esprit qui me fasse comprendre
Ce qu'ordonnent de moi tes saintes volontés,
Et réduis mes désirs au seul désir d'entendre
Tes hautes vérités.

Mais désarme d'éclairs ta divine éloquence,
Fais-la couler sans bruit au milieu de mon cœur,
Qu'elle ait de la rosée et la vive abondance
Et l'aimable douceur.

Vous la craigniez, Hébreux, vous craigniez que la foudre,
Que la mort la suivît, et dût tout désoler,
Vous qui dans le désert ne pouviez vous résoudre
A l'entendre parler.

« Parle-nous, parle-nous, disiez-vous à Moïse,
« Mais obtiens du Seigneur qu'il ne nous parle pas
« Des éclats de sa voix la tonnante surprise
« Serait notre trépas. »

Je n'ai point ces frayeurs alors que je te prie.
Je te fais d'autres vœux que ces fils d'Israël,
Et, plein de confiance, humblement je m'écrie
Avec ton Samuel :

« Quoique tu sois le seul qu'ici-bas je redoute,
« C'est toi seul qu'ici-bas je souhaite d'ouïr :
« Parle donc, ô mon Dieu, ton serviteur écoute,
« Et te veut obéir. »

Je ne veux ni Moïse à m'enseigner tes voies,
Ni quelque autre prophète à m'expliquer tes lois.
C'est toi, qui les instruis, c'est toi, qui les envoies,
Dont je cherche la voix.

Comme c'est de toi seul qu'ils ont tous ces lumières
Dont la grâce par eux éclaire notre foi ;
Tu peux bien sans eux tous me les donner entières,
Mais eux tous rien sans toi.

Ces prophètes enfin ont beau crier et dire,
Ce ne sont que des voix, ce ne sont que des cris,
Si pour en profiter l'Esprit qui les inspire
Ne touche nos esprits...

Parle donc, ô mon Dieu ; ton serviteur fidèle
Pour écouter ta voix réunit tous ses sens,
Et trouve les douceurs de la vie éternelle
En ces divins accents.

Parle, pour consoler mon âme inquiétée ;
Parle, pour la conduire à quelque amendement ;
Parle, afin que ta gloire, ainsi plus exaltée,
Croisse éternellement.

Sagesse (III)

Humble et soumis, Paul Verlaine s'en remet totalement au Dieu fait homme dans cette prière-poème qui clame sa miséricordieuse grandeur.

O mon Dieu, vous m'avez blessé d'amour
Et la blessure est encore vibrante.
O mon Dieu, vous m'avez blessé d'amour.

O mon Dieu, votre crainte m'a frappé
Et la brûlure est encore là qui tonne,
O mon Dieu, votre crainte m'a frappé.

O mon Dieu, j'ai connu que tout est vil
Et votre gloire en moi s'est installée,
O mon Dieu, j'ai connu que tout est vil.

Noyez mon âme aux flots de votre Vin,
Fondez ma vie au Pain de votre table,
Noyez mon âme aux flots de votre Vin.

Voici mon sang que je n'ai pas versé,
Voici ma chair indigne de souffrance,
Voici mon sang que je n'ai pas versé.

Voici mon front qui n'a pu que rougir,
Pour l'escabeau de vos pieds adorables,
Voici mon front qui n'a pu que rougir.

Voici mes mains qui n'ont pas travaillé,
Pour les charbons ardents et l'encens rare,
Voici mes mains qui n'ont pas travaillé.

Voici mon cœur qui n'a battu qu'en vain
Pour palpiter aux ronces du Calvaire,
Voici mon cœur qui n'a battu qu'en vain.

Voici mes pieds, frivoles voyageurs,
Pour accourir au cri de votre grâce,
Voici mes pieds, frivoles voyageurs.

Voici ma voix, bruit maussade et menteur,
Pour les reproches de la Pénitence,
Voici ma voix, bruit maussade et menteur.

Voici mes yeux, luminaires d'erreurs
Pour être éteints aux pleurs de la prière,
Voici mes yeux, luminaires d'erreurs.

Hélas ! Vous, Dieu d'offrande et de pardon,
Quel est le puits de mon ingratitude,
Hélas ! Vous, Dieu d'offrande et de pardon.

Dieu de terreur et Dieu de sainteté,
Hélas ! ce noir abîme de mon crime,
Dieu de terreur et Dieu de sainteté.

Vous, Dieu de paix, de joie et de bonheur,
Toutes mes peurs, toutes mes ignorances,
Vous, Dieu de paix, de joie et de bonheur.

Vous connaissez tout cela, tout cela,
Et que je suis plus pauvre que personne
Vous connaissez tout cela, tout cela.

Mais ce que j'ai, mon Dieu, je vous le donne.

« Prière pour aller au paradis avec les ânes »

Cette sobre et poignante prière de Francis Jammes[39] n'est naïve qu'en apparence. Fidèle à l'enseignement du Christ qui demandait aux hommes d'accueillir Dieu avec un cœur d'enfant, le poète transforme le voyage de l'âme après la mort terrestre en une grande promenade champêtre, reflet de la beauté, de la douceur et de l'amour de Dieu. Dans ce monde d'outre-tombe, où tout n'est que bonheur, tendresse, liberté et lumière, les plus humbles occupent une place de choix.

Lorsqu'il faudra aller vers vous, ô mon Dieu, faites
que ce soit par un jour où la campagne en fête
poudroiera. Je désire, ainsi que je le fis ici-bas,
choisir un chemin pour aller, comme il me plaira,
au Paradis, où sont en plein jour les étoiles.
Je prendrai mon bâton et sur la grande route,
j'irai, et je dirai aux ânes, mes amis :
Je suis Francis Jammes et je vais au Paradis,
car il n'y a pas d'enfer au pays du Bon Dieu.
Je leur dirai : Venez, doux amis du ciel bleu,
pauvres bêtes chéries qui, d'un brusque mouvement d'oreille,
chassez les mouches plates, les coups et les abeilles...

Que je vous apparaisse au milieu de ces bêtes
que j'aime tant parce qu'elles baissent la tête
doucement, et s'arrêtent en joignant leurs petits pieds
d'une façon bien douce et qui vous fait pitié.
J'arriverai suivi de leurs milliers d'oreilles,
suivi de ceux qui portèrent au flanc des corbeilles,
de ceux traînant des voitures de saltimbanques
ou des voitures de plumeaux et de fer-blanc,
de ceux qui ont au dos des bidons bossués,
des ânesses pleines comme des outres, aux pas cassés,
de ceux à qui l'on met de petits pantalons
à cause des plaies bleues et suintantes que font
les mouches entêtées qui s'y groupent en ronds.
Mon Dieu, faites qu'avec ces ânes je vous vienne.
Faites que dans la paix, des anges nous conduisent
vers des ruisseaux touffus, où tremblent des cerises
lisses comme la chair qui rit des jeunes filles,
et faites que, penché dans ce séjour des âmes,
sur vos divines eaux, je sois pareil aux ânes
qui mireront leur humble et douce pauvreté
à la limpidité de l'amour éternel.

[39] In « Le deuil des primevères », éd. Mercure de France.

Dans les trois grandes religions monothéistes, beauté et bonté se fondent et se confondent, au point d'apparaître parfois comme deux termes synonymes. Nombreux sont, en effet, les textes spirituels et liturgiques ou non à développer spontanément cette « idée », la beauté du monde renvoyant, par exemple, à la bonté de Dieu. Mais, plus encore que le reflet de cet écho, cette « résonance » s'impose comme une vérité première qui témoigne activement de l'existence d'un Dieu avec qui l'on peut entrer en dialogue par la double voie de la bonté et de la beauté.

L'art sacré en constitue l'exemple le plus patent, qui tire ses outils et sa matière des mains mêmes de Dieu pour lui dédier les créations les plus esthétiques.

Et pour aller plus loin

Des citations pour réfléchir

Extraites d'œuvres d'auteurs français, les citations proposées ci-après se rattachent, pour la plus grande part, à la religion judéo-chrétienne. Mais comme le lecteur s'en apercevra rapidement, leur portée spirituelle dépasse le cadre strictement dogmatique auquel elles appartiennent, pouvant ainsi susciter une réflexion des plus positives pour chacun.

Prier/Prières

Rien n'est beau comme un enfant qui s'endort en faisant sa prière, dit Dieu.

C. Péguy, Le Mystère des Saints-Innocents

Je ne m'adresse qu'aux esprits qui ont reconnu la prière comme le premier entre tous les devoirs de l'homme.

O. V. de Lubicz-Milosz, La Confession de Lemuel, Cantique de la connaissance

Une prière aux yeux et ne priant jamais [...].

A. Rimbaud, Les Pauvres à l'église

Jamais on ne prie mieux que quand l'esprit et la chair sont contents, et prient ensemble.

Marivaux, Le Paysan parvenu

Aimer, prier, chanter, voilà toute ma vie.

A. de Lamartine, Nouvelles méditations poétiques

L'enfant qui prie dignement exerce mieux son appareil méditatif que l'orgueilleux algébriste.

A. Comte, Catéchisme positiviste

Si la présence extérieure de l'être adoré était regardée comme indispensable à l'effet moral des effusions humaines, on ne saurait comprendre l'efficacité cérébrale des prières religieuses.

A. Comte, Catéchisme positiviste

La prière est la sœur tremblante de l'amour.

V. Hugo, L'Amour *(XXXIX)*

[...] Je refuse l'oraison de toutes les églises ; je demande une prière à toutes les âmes. Je crois en Dieu.

V. Hugo, Testament *(2/8/1883)*

L'action de grâce doit tenir une très grande place dans nos prières, car la bonté de Dieu précède dans nos actes.

Ch. de Foucauld, Ecrits spirituels, méditations sur l'Evangile

Dieu/Foi

Connaissez donc, superbe, quel paradoxe vous êtes à vous-même. Humiliez-vous, raison impuissante ; taisez-vous, nature imbécile ; apprenez que l'homme passe infiniment l'homme et entendez de votre maître votre condition véritable que vous ignorez. Ecoutez Dieu.

Pascal, Pensées *VII, 434*

Le cri du pauvre monte vers Dieu, mais il n'arrive pas à l'oreille de l'homme.

F. Lamennais, Paroles d'un croyant, *XII*

Il n'est pas d'incident si négligeable où ne s'inscrit la volonté de Dieu comme toute l'immensité du ciel dans une goutte d'eau.

G. Bernanos, Dialogue des Carmélites

Quelle chose convient mieux à la foi que de nous reconnaître nus de toute vertu pour être vêtus de Dieu ? Vides de tout bien, pour être remplis de lui ?

J. Calvin, Institution de la religion chrétienne, *préface au Roi de France*

Comme dit Cicéron, homme païen, il ne se trouve nation si barbare, ni peuple tant brutal et sauvage qui n'ait cette persuasion enracinée qu'il y a quelque Dieu.

J. Calvin, **Institution de la religion chrétienne** *(I, 2, 1)*

A cette époque, je n'avais pas la foi. Ceux qui me l'ont donnée, ce sont quelques athées, plus tard, que j'ai connus.

S. Guitry, **Si j'ai bonne mémoire. Mes pensions**

Athées qui proclamez la mort de Dieu, matérialistes de toutes obédiences, agnostiques mes frères, n'en doutez plus : ce monde meurt d'avoir perdu la foi et l'amour. Il compte trop de héros de toutes les causes, il lui manque des saints, quelle que soit leur religion.

H. Beuve-Méry, **Réflexions politiques** *(1932-1952) IV, 2, « La leçon de Gandhi »*

Cependant savez-vous quel fut le dernier mot de ce puissant génie (Platon) ? Ce dernier mot, le voici : « Il est nécessaire qu'il vienne du ciel un maître pour nous instruire. »

H. Lacordaire, **Troisième Conférence de Nancy**

Retournez, retournez l'infini, lui seul est assez grand pour l'homme. Ni chemin de fer, ni longue cheminée à vapeur, ni aucune autre grande invention n'agrandiront la terre d'un pouce. L'âme seule a du pain pour tous et de la joie pour une éternité. Rentrez-y à pleines voiles, rendez Jésus-Christ au pauvre.

H. Lacordaire, **Troisième Conférence à Notre-Dame**

Touchons la main du Malais et du Mongol ; touchons la main du Nègre ; touchons la main du pauvre et du lépreux. Tous ensemble, unissant nos biens et nos maux dans une immense et sincère fraternité, allons à Dieu, notre premier Père.

H. Lacordaire, **Deuxième conférence à Notre-Dame**

Jamais homme n'aimera parfaitement Dieu qu'il n'ait parfaitement aimé quelque créature de ce monde.

M. de Navarre, **Heptaméron** *(dix-neuvième nouvelle)*

[...] Et Dieu seul, au désert pauvrement hébergé,
A bâti tout le monde et n'y est pas logé.

A. d'Aubigné, **les Tragiques**

Il faut donc que vous sachiez que toute beauté procède de cette souveraine bonté, que nous appelons Dieu, et que c'est un rayon qui s'élance de lui sur toutes les choses créées.

H. d'Urfé, Stances d'Hylas

Grand Dieu, tes jugements sont remplis d'équité,
Toujours tu prends plaisir à nous être propice :
Mais j'ai fait tant de mal que jamais ta bonté
Ne peut me pardonner qu'en choquant ta justice.

J. Vallée, Sonnet

Des livres pour s'enrichir

La bibliographie ci-après est destinée à aider tous ceux qu'une réflexion sur la prière intéresse. Elle propose des ouvrages religieux, philosophiques, spirituels et de développement personnel. Elle s'arrête sur les grandes religions consacrées ainsi que sur certaines religions et mouvements philosophiques que l'on ne peut passer sous silence.

Textes fondateurs

- La Bible de Jérusalem, éd. du Cerf, 1992.
- Le Coran, trad. de D. Masson, Bibliothèque de la Pléiade, éd. Gallimard,1963.
- Le Coran, éd. du Cerf, 1989.
- *Paroles du Bouddha, tirées de la tradition primitive*, éd. du Seuil, 1991.
- Missels et livres de prières anciens.

Ouvrages généraux

- Andrès G., *Principes de la médecine selon la tradition*, Dervy-livres, 1980.
- Arkoun, *L'Islam hier-demain,* Buchet Chastel, 1982 ; *Pour une critique de la raison islamique*, Maisonneuve et Larose, 1984.

- Arvon H., *Le Bouddhisme*, coll. « Que sais-je ? », PUF, 1994.
- Augustin (saint), *Confessions*, coll. Folio n° 2465, éd. Gallimard, 1993.
- Bardo-Thödol, *Le Livre des morts tibétains ou les expériences d'après la mort dans le plan du Bardo*, éd. J. Maisonneuve, 1987.
- Baudoin B., *Le Bouddhisme ; Le Confucianisme ; Le Zen*, éd. De Vecchi, 1995.
- Bernanos G., *Journal d'un curé de campagne*, coll. Presses Pocket n° 2301, éd. Pocket, 1984 ; *Dialogue des Carmélites*, coll. Points Roman n° 132, éd. du Seuil, 1984.
- Bourdeau F. (Père), *Les Quatre saisons, Prières pour chaque jour de l'année – Printemps, été, automne, hiver*, éd. Desclée-Mame, 1977.
- Bourgeois H., *Questions sur la foi, des réponses pour s'y retrouver*, Desclée de Brouwer, 1993.
- Calvin J., *L'Institution chrétienne*, Presses bibliques universitaires, 1986.
- Camkara, *Discours sur le bouddhisme*, Maisnie-Trédaniel, 1985.
- Cantù G., *Connaître la civilisation des Pharaons*, éd. De Vecchi, 1994.
- Carrel A., *La Prière*, éd. Plon, 1944.
- Chamfrault A., *Traité de médecine chinoise* (épuisé).
- Cheng A., *Etude sur le confucianisme han : l'élaboration d'une tradition exégétique sur les classiques*, Institut des hautes études chinoises, 1985.
- Chopra D., *Le Corps quantique. Trouver la santé aux confins du corps et de l'esprit*, trad. de l'américain par Nicole Romain-Hartvick, Interéditions, 1990.
- Corneille P., *Œuvres complètes,* Bibliothèque de la Pléiade, éd. Gallimard, 1987.
- David-Neel A., *Le Bouddhisme du Bouddha*, Pocket n° 2927, éd. Pocket, 1994.
- *Dictionnaire alphabétique et analogique de la langue française* (Le Robert).

- Do-Dinh P., *Confucius et l'humanisme*, éd. du Seuil, 1977.
- Doeblin A., *Confucius*, éd. Aujourd'hui, 1975.
- Dolto F., *La Foi au risque de la psychanalyse*, coll. Points n° 154, éd. du Seuil, 1983.
- Driancourt-Girod J., *Ainsi priaient les luthériens. La Vie religieuse, la pratique et la foi des luthériens de Paris au XVIIIe siècle*, éd. du Cerf, 1992.
- Duran J. , *Les Mystères de la tradition juive,* éd. De Vecchi, 1995.
- Duron A., Laville-Méry Ch., Borsarello J., *Bioénergétique et Médecine chinoise*, éd. Maisonneuve, 1976.
- Egron A., *La Prière du feu dans la tradition monastique des premiers siècles chrétiens*, éd. du Cerf, 1995.
- Etiemble R., *Confucius*, éd. Gallimard, 1986.
- Eul-Sou-Youn, *Confucius, sa vie, son œuvre, sa doctrine*, éd. Maisonneuve, 1948.
- Eyssalet J.-M., Guillaume G. et Mach-Chieu, *Diététique énergétique et Médecine chinoise*, éd. Présence, Sisteron, 1984.
- Faubert A.-M., *Traité didactique d'acupuncture traditionnelle*, Maisnie-Trédaniel, 1977.
- Fénelon, *Traité de l'existence de Dieu et de ses attributs*, Editions Universitaires, 1990.
- Frossart A., *Le Parti de Dieu*, éd. Fayard, 1992.
- Gira D., *Comprendre le bouddhisme*, éd. du Centurion, 1989.
- Goetschel R. (sous la dir. de), *Prière, mystique et judaïsme*, PUF, 1987.
- Gondal M.-L., *Communauté en christianisme : un nouveau pas à faire*, éd. Desclée de Brouwer, 1993.
- Granet M., *La Civilisation chinoise. La pensée chinoise*, Albin-Michel, rééd. 1994.
- Hugo V., *Œuvres*, coll. Bouquins, éd. Robert Laffont, 1987.
- Ikeda D., *Bouddhisme, premier millénaire*, éd. du Rocher, 1986.

- *Imitation de Jésus-Christ*, coll. Foi vivante n° 239, éd. du Cerf, 1989.
- Inoué Y., *Confucius*, éd. Stock, 1993.
- Isambert F.-A., *Le Sens du sacré : fête et religion populaire*, éd. de Minuit, 1982.
- Jammes F., *Le Deuil des primevères*, éd. Mercure de France, 1901.
- Jaspers K., *Les Grands philosophes*, éd. Plon, 1989 ; *Les Grands philosophes, Socrate, Bouddha, Confucius, Jésus*, coll. Agora n° 33, éd. Pocket, 1989.
- Jean de la Croix, *Œuvres complètes*, éd. du Cerf, 1990.
- Jean-Paul II, *Message de sa Sainteté le Pape Jean-Paul II pour la Célébration de la journée mondiale de la paix, 1er janvier 1991*, Vatican, décembre 1990 ; *Message de sa Sainteté le Pape Jean-Paul II pour la Célébration de la journée mondiale de la paix, 15 janvier 1993,* Vatican, décembre 1992.
- Lafont G., *Des moines et des hommes*, éd. Stock, 1975.
- Lesegretain C., *Les Grands ordres religieux hier et aujourd'hui*, éd. Fayard, 1990.
- Lévi J., *Le Rêve de Confucius*, coll. Le Livre de Poche n° 7352, LGF, 1991.
- Lustiger J.-M., *Le Choix de Dieu. Entretiens avec Jean-Louis Missika et Dominique Wolton*, coll. Le Livre de Poche n° 6601, LGF, 1989.
- Luther M., *Petit cathéchisme, 1529*, éd. Oberlin, 1973.
- Maglione M., *Les plus belles prières du monde*, éd. De Vecchi, 1995.
- Marot C., *Œuvres poétiques complètes*, éd. Bordas, 1993.
- Mijolla J. de et Warnier P., *Histoire de la foi,* éd. du Centurion, 1990.
- Pascal B., *Pensées*, coll. Folio n° 2777, éd. Gallimard, 1995.
- Péguy C., *Œuvres complètes*, Bibliothèque de la Pléiade, éd. Gallimard.
- Poulat E., *Liberté, Laïcité : la guerre des deux France et le principe de la modernité*, éd. Cerf-Cujas, 1988.

- Poupard P., *Dictionnaire des religions*, PUF, 1985.
- Racine J., *Œuvres complètes*, Bibliothèque de la Pléiade, éd. Gallimard.
- Rousseau J.-J., *Confessions* , éd. Bordas, 1985.
- Ruben G. *Se soigner avec la médecine énergétique chinoise*, éd. De Vecchi, 1993.
- Six J.-F., *Les Jeunes, l'avenir, la foi,* éd. Desclée de Brouwer, 1976.
- Smedt M. de (sous la dir. de), *Les textes sacrés d'Orient : Inde, Tibet, Chine, Japon*, éd. Belfond, 1985.
- Thiollier M.-M., *Dictionnaire des religions*, éd. Atelier Alpha bleue, 1990.
- Thomas d'Aquin (saint), *Opera omnia*, éd. Vrin, 1970.
- *Un pacte neuf, le Nouveau Testament traduit et présenté par André Chouraqui*, Brépols, 1984.
- Valadier P., *L'Eglise en procès*, coll. Champs n° 199, éd. Flammarion, 1989.
- Védrine H.H., *La Réincarnation et votre destin*, éd. De Vecchi, 1995.
- Verlaine P., *Œuvres poétiques complètes*, Bibliothèque de la Pléiade, éd. Gallimard.
- Villon F., *Poésies complètes*, coll. G.F. n° 741, éd. Flammarion, 1993.
- Wiesel E., *La Nuit*, éd. de Minuit, 1958 ; *Paroles d'étranger*, éd. du Seuil, 1982.

Quelques articles

- Amilou M., « Des moines et des moines », *Les Etudes,* juin 1994, p. 797-808 ; « La parole », *Cahier pour croire aujourd'hui*, 15 juil. 1993, p. 23-32.
- Jean-Paul II, « Veritatis Splendor. Encyclique sur la question morale », *Cahiers pour croire*, 13 oct.-1er nov. 1993.
- Touati C., « La Halakka comme accomplissement de la Thora », *L'Année canonique*, XXI, 1977.

- Trublet J., « Des profondeurs, je crie vers toi Seigneur », *Cahiers pour croire*, 15 mai 1988.
- « Dire ou ne pas dire ? », *Cahiers pour croire*, avril 1994.
- « Le besoin de Dieu », *l'Express*, 15 déc. 1994.
- « Dix-sept manières de prier sans en avoir l'air », *Cahiers pour croire*, 15 nov. 1993.
- « Devant Dieu, l'homme », *Les Etudes,* juil.-août 1993.
- « La Bible, livre d'espérance », *Les Etudes,* juil.-août 1994.
- « Bible et interprétation », *Les Etudes,* fév. 1995.

Quelques catalogues d'expositions d'art sacré

- Expositions de la mairie du Ve arrondissement, à Paris :
  Beauté et pauvreté : l'art chez les clarisses de France (1994) ; Le monde juif, une histoire sainte (1992) ; Trésors du Vatican (1990) ; Trésor d'art sacré à l'ombre du Val de Grâce (1988) ; Port-Royal (1984), etc.

- Expositions du musée Guimet :
  Les peintures du bouddhisme tibétain (1995) ; le panthéon bouddhique au Japon (1991), etc.

- Exposition de la Bibliothèque nationale :
  D'une main forte, manuscrits hébreux (1992).

Table des matières

DEUXIEME PARTIE :
LES MULTIPLES ASPECTS DE LA PRIERE

TROISIEME PARTIE :
LES ARTS, SUPPORTS DE LA PRIERE

Achevé d'imprimer en juin 2001
à Milan, Italie,
sur les presses de Grafiche Milani

Dépôt légal : juin 2001
Numéro d'éditeur : 7116